Rosa

横浜ローザ、25年目の手紙

五大路子
Michiko Godai

有隣堂

口絵写真撮影／森日出夫（特記したものを除く）

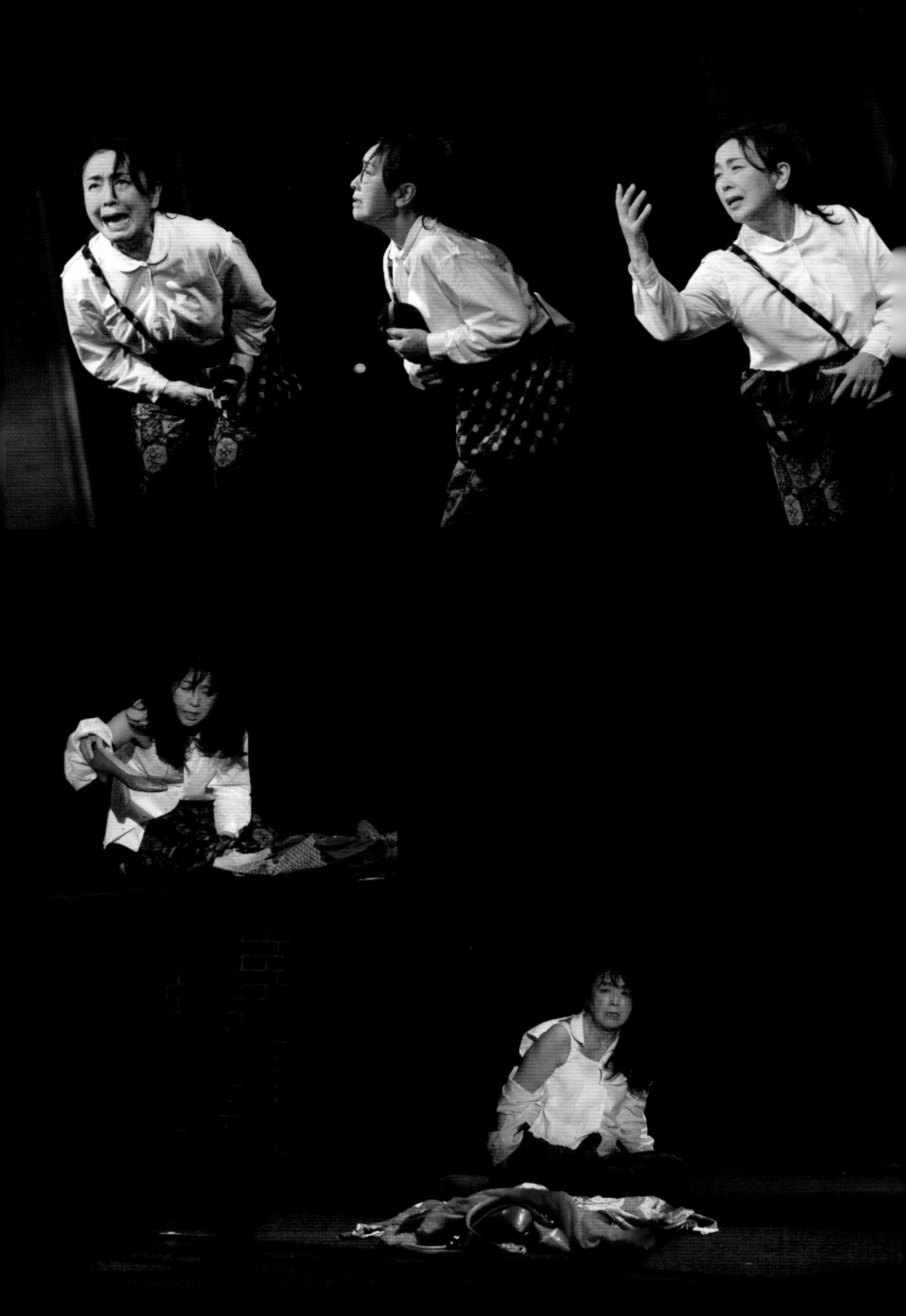

撮影／小林富夫

A Stooped Old Woman
Story and Some Dignity
PERFORMING ARTS
NORTH AMERICAN PREMIERE
Michiko Godai
Yokohama Rosa
Sat, Apr 25 at 7:30 pm
Sun, Apr 26 at 2:30 pm
STORIES FROM THE WAR
Yokohama Rosa
Conceived and performed by
Michiko Godai
APRIL 25—26, 2015
JAPAN SOCIETY
Performing Arts Spring 2015
ating from high
orked at a
t store in

Photo by Michel Delsol（舞台写真のみ）

Photo by Michel Delsol

Rosa　横浜ローザ、25年目の手紙

【プロローグ】

私の手もとにメリーさんの直筆の手紙がある。

晩年、故郷の小さな町へ帰ったメリーさんが、シャンソン歌手の元次郎（がんじろう）さんに宛てたお見舞いの手紙だ。

私、早くもう一度、横浜に帰りたくてたまりません。いろいろ嬉しいことにつけても楽しいことにつけても悲しかったことにつけても、横浜でのことは決して忘れることはございません。すべてに感謝いたさなければなりません。一日も早くお元気になられることを心よりお祈りいたしております。

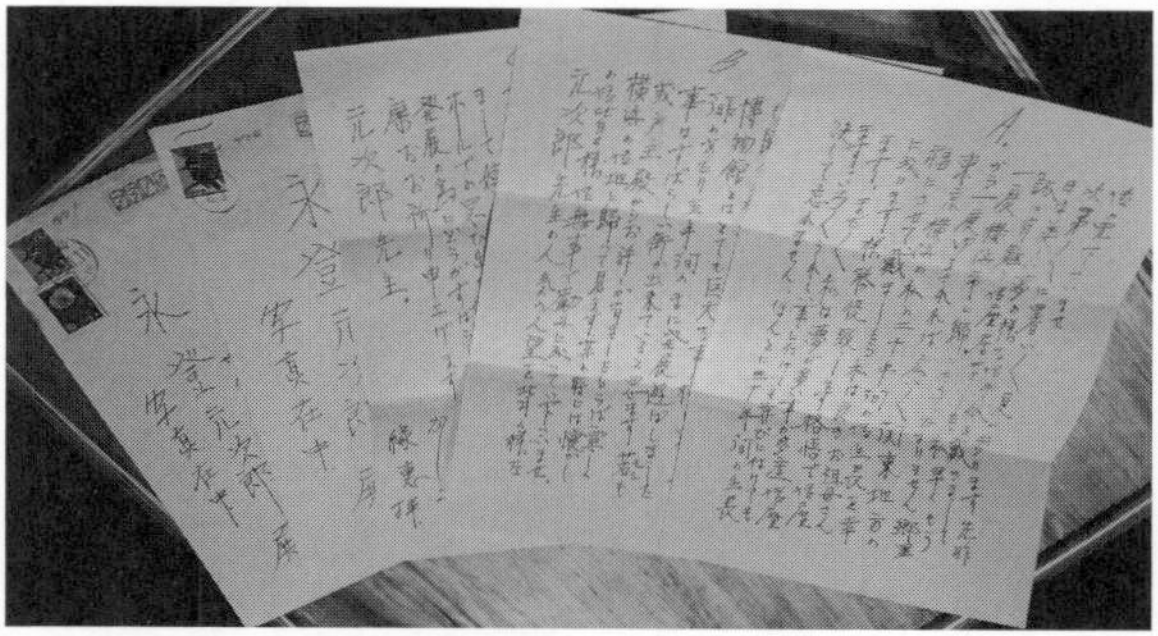

元次郎さん宛メリーさん直筆の手紙

丁寧に書かれた文字には優しさがにじみ出ている。ガンで亡くなる一年前、元次郎さんはご自分の衣裳だった着物地のドレスと一緒に、このメリーさんの手紙を私にくださった。

「みちこちゃん、わたしの形見だと思ってこれを貰ってちょうだい」

一人芝居『横浜ローザ』のモデルとなったメリーさん。メリーさんの唯一の友人だった元次郎さん。脚本を書いてくださった杉山先生。——今はもういない三人の顔が目に浮かび、私は深い紫色のドレスをぎゅっと胸に抱きしめた。

目次

第三章　マリンブルーの街で　ローザは変わり続ける……107

【第一章】
白い顔の娼婦
メリーさんの伝説

ハマのメリーさん

初めてメリーさんに出会ったのは一九九一年五月三日、第三十九回横浜開港記念みなと祭の日だった。私は山下町のホテルニューグランドの前、仮装行列の審査員席に座っていた。五月の太陽はまぶしくて、いちょう並木の緑が目にしみるさわやかな晴れた日だった。ふと見ると、白塗りで腰をかがめ、大きな荷物を持って立っている女性がいた。髪を結い上げ、白いドレスに身を包み、まぶたには歌舞伎の隈取のような黒々と太いアイライン。靴は低めながらもヒール。口紅は赤とエンジをミックスしたような色。凛としたまなざしで前を見据え、孤高と言えるほどの雰囲気が異彩を放つ。

その目に出会った瞬間、私は胸元をつかまれたように感じた。

――あなた、あたしをどう思うの。私の生きてきた今までをどう思うの。答えてちょうだい――

その目は私にそう訴えている気がした。

「あの方はどなた?」隣の審査員席にいた崎陽軒会長の野並豊(のなみゆたか)さんにお訊きすると、

「アッハッハッ、あの人は横浜の有名人であり名物ですよ。伝説の老娼婦、ハマのメリーさんです」と愉快そうに笑われた。

どこか愛しげなその言葉に私は不思議な思いがした。彼女をこの街の住人として受け入れている、そんな温かさを感じた。

どうして彼女はあんな格好でこの街を歩いているの？　なぜ、あんなに顔を白く塗っているの？　——その日から、私のメリーさん探しが始まった。

メリーさんを探して

あの人は誰？　いろんな人に訪ねてまわった。ある方はメリーさんがよく通る銀行の前で待っていて、

「メリーさん、五大路子さんという人があなたのことを聞きたいそうですよ」

と私の電話番号を渡してくれた。もちろん電話はかかってこなかった。メリーさんはネクタイをきちんと締めた紳士としか話さない。女性とはほとんど口をきいてくれないのである。

メリーさんの噂はこの街のいろんなところに転がっていた。伝説の老娼婦となった彼

女の逸話や風聞。どれが本当だか分からない。

「あの大きなバッグには大金が入っているんだってさ」

「陽が沈むと海からこの街にやってくるんだ」

「高貴な生まれだという噂もあるよ」

昭和の終わり頃、彼女をモデルにしたレコードがたくさん出たということも教えてもらった。白いメリーさんの伝説はいつしかひとり歩きしていた。

こうなったらメリーさんと実際に会った人から話を聞こう。彼女がどこに住んでいて、なぜあんな化粧をし、あのドレスをどこでクリーニングして、どこの美容院に行っているのか。

一九九二年。野毛大道芸のマネージャーをしていた大久保文香さんに、馬車道の「団欒」という居酒屋でお話を伺う。

「『相生』という喫茶店で、メリーさんはいつもコーヒーを飲んでいましたよ」

「相生」にはメリーさん専用のバラの花模様のコーヒーカップがあったそうだ。

「あたしのコーヒーカップで、おコーヒーをちょうだい」

そう言ってメリーさんはいつも、張り出し窓の前の一段高くなったテーブル席に座ったという。もちろんあの白塗りの格好で……。

ずいぶん後のことになるが、相生の井上圓三（いのうええんぞう）社長からも、メリーさんが店に来た時の様子を伺った。

「同じカップを使っていると他のお客さんが嫌がるんじゃないかと、店に迷惑がかかるんじゃないかと、メリーさんが自分で持って来られたんですよ」

ある日、井上社長が洗面所の前を通りかかると、化粧を落としたメリーさんがニコッと笑い振り向いたそうだ。それはとてもきれいな素顔だったという。

別のある日、「今日は私の誕生日よ。いっしょに食べましょう！」とケーキを買ってきて、お店の従業員にと声をかけたり、「今ディズニーランドから帰ってきたのよ」と楽しそうに話してくれた事もあったという。

話を元に戻そう。「団欒」には他にも「メリーさんに会ったことがある」という方たちが集まってくださっていた。

隣の席に座っている男性が言った。

「俺の知っているメリーさんはパラソルを差していた」

その隣にいた男性が、

「俺は声をかけられた」

つられたように次々と皆が話し始める。

「ホテルニューグランドにも来ていたよ」

「シルクホテルの薬局の人が、いつも買い物に来ていたと言ってたよ」

「横浜駅西口の髙島屋の前で会った」

「赤い服を着ていたのを見たことがある」

「白いパラソルに赤い靴、ピンクのジョーゼットの時もあった」

「メリーさんがお客さんとカラオケで唄っていたよ、高い声で」

ああ、この街では誰もがメリーさんを知っている。横浜の風景の中に、それぞれの記憶の中にメリーさんが溶け込んでいる。メリーさんを語ることは横浜を語ることなんだ。横浜はそんな街なんだ。

——メリーさんのことをお芝居にしたい。この横浜を舞台にして——

漠然とだったけれど、そのとき確かに私はそう思った。

シャンソン歌手　元次郎さん

一九九三年、大久保さんに永登元次郎さんを紹介してもらう。お会いしたのは元次郎さんの経営するシャンソンバー「さろん童安寺(どうあんじ)」（後にシャノアールに改名）。入口のところで猫の置物が迎えてくれる。中に入るとアンティークの調度品に囲まれて、グランドピアノが置いてある。

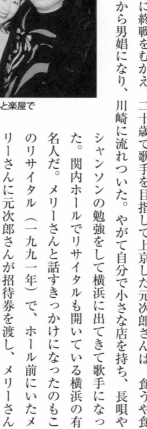

七歳の時に終戦をむかえ、二十歳で歌手を目指して上京した元次郎さんは、食うや食わずの生活から男娼になり、川崎に流れついた。やがて自分で小さな店を持ち、長唄やシャンソンの勉強をして横浜に出てきて歌手になった。関内ホールでリサイタルも開いている横浜の有名人だ。メリーさんと話すきっかけになったのもこのリサイタル（一九九一年）で、ホール前にいたメリーさんに元次郎さんが招待券を渡し、メリーさんは花束を持って聴きに来てくれたという。

元次郎さんと楽屋で

「みちこちゃん、メリーさんを見ていると、まるで自分のもう一つの姿を見ているようで……。日本も裕福になって、今は何でも簡単に捨てちゃうけど、私たち、時代に使い捨てにされてたまるもんですか」

それからは折りにふれ話しかけ、時にはそっとお小遣いを渡すようになったそうだ。ある時、元次郎さんはメリーさんを市役所へ連れて行った。何とか畳の上で寝られる生活をさせてあげたいと思ったらしい。でも市役所の人に駄目だと断られた。住民票がないから生活保護は受けられないということだった。

羽振りがいいときもあっただろうに、どうして畳のある家に住もうと思わなかったんだろうか。元次郎さんも不思議に思ったようだ。

メリーさんの声

かつて伊勢佐木モール入口に「森永ラブ」というハンバーガー屋さんがあった。メリーさんはいつもここに来て、鏡に向かい化粧直しをしていたという。馬車道では「相生」、伊勢佐木町では「森永ラブ」だった。

元次郎さんは、この店で録音機を回しながらメリーさんに話を聞いたことがある。そのテープを聴かせていただいた。

「メリーさんは絵がお好きでいらっしゃるのね」

「ええ、昔からね」

「英語はお上手なんでしょう」

「それほどでもね、ホホホ」

元次郎さんはいろんなことを聞こうとしているが、メリーさんは自分のことを話そうとしない。少女のように可愛らしい高い声でしゃべっているメリーさん。言葉はとても丁寧だった。「そうですね」「そうでございますか」そんな言葉を使っていた。元次郎さんには心を許していたのだろう。笑い声も聞こえる。

私の中のメリーさんが、次第にくっきりとした像を結びだした。

メリーさんのお歳暮

馬車道の商店街に、戦後まもなくできた「アート宝飾」という宝石店がある。店の前には二人掛けのベンチが置いてあり、メリーさんはそこを休憩場所と決めていたのか、よく座って居眠りをしていたそうだ。

アート宝飾二代目社長の六川勝仁さんから意外な話を聞いた。

「盆暮れには必ずメリーさんからお中元、お歳暮をいただいています」

いつも綿の真っ白なタオルで、そこには、西岡雪子（メリーさんは自分ではそう名乗っている）と書かれているそうだ。

「アート宝飾」と同じ通りにある関内ホール。ここでは芝居、長唄、ジャズ、クラシックなど色々な公演が催されている。彼女はよくブラリと入ってきたらしい。もちろんチケットを買って。

六川さんの店でトイレを借りたり、ベンチでひと休みしたり。それから吉田橋をわたり伊勢佐木町へ。「有隣堂」近くの「松坂屋」を覗き、「森永ラブ」に寄り、根岸家跡のあたりを通って、そこからまっすぐ福富町へ。福富町のGMビルには豪華な螺旋階段があり、そこに白いドレスで立つメリーさんはまるで女王のようだった、と語る人もいる。

写真家・森日出夫さんと街の記憶

一九九五年、横浜の港・街・人を長年撮り続けている写真家の森日出夫さんを紹介される。真っ黒な衣装に身をつつみ、たくましい風貌でシャイな少年のように話す森さんは、「メリーさんはこの街の一つの風景なんだ。なくてはならない風景。切り離せない記憶なんだ」そう言って『PASS　～ハマのメリーさん～』という写真集を差し出された。

写真集のページをめくる――

　髪をきりりと結い、アゴをあげて何かを見ている白塗りの顔。

馬車道のベンチでコンパクトをのぞいているメリーさん。

カメラに向かってかわいいドレスで笑うメリーさん。両手には指輪がいっぱい。

いつもレースの衣裳が違う。カメオが好きらしく、どのドレスにも大きなカメオをつけている。

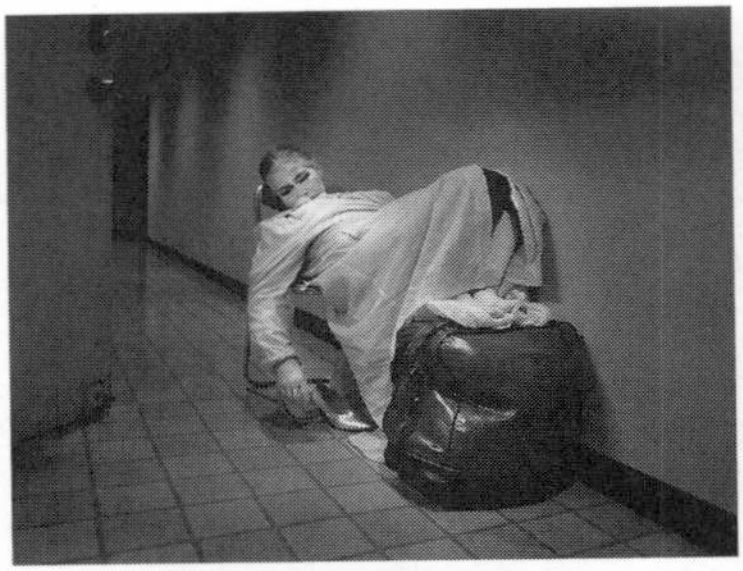

上右／若い頃のメリーさん
上左／ビルの廊下で眠るメリーさん
下／GMビルの前に立つメリーさん
撮影／森日出夫

ＧＭビルの前では白いジョーゼットの大きな袖口のドレス。白い帯のようなものをウェストに巻き、左手を腰にあてて通りを見ている。

ページをめくる私の手が止まる――

ＧＭビルの廊下の片隅にパイプ椅子を一つ、その前に大きなキャリーバッグ。イスに体をずらして座り、投げ出した足をバッグの上に乗せ、眠っている姿。ストッキングのままの足が胸に痛い。

森さんの写真に写し出されたメリーさんが私の中に焼き付けられていく。

馬車道のベンチでうたた寝をするメリーさん。断髪になっている。これはいつだろう。足元を見るとローヒール。こんなに年をとってもヒールのついた靴を履き、眠りながらもかかとをちゃんと大地につけている。足首がきれいだ。

メリーさんと出会った瞬間から私は彼女の足跡を探しはじめた。写真の一枚一枚は、メリーさんがこの街でどんな風に生きてきたのかを、私に突きつけているようだった。

街の風景、街の記憶――。終戦後、この横浜に来て街角に立ち、この街で生き抜いた女性たちはたくさんいる。彼女たちはやがてバーのママになったり、戦争花嫁として海外に行ったり、過去を消すようにいろんな道を辿っていった。でもなぜメリーさんはあの姿のまま、この街の風景となってしまったのか。なぜ街角に立ち続けたのか。白塗りで歩き続けているのか。

森さんの写真は、メリーさんのことを芝居にしたいという私の心の引き金をいっそう強く引いた。

白塗りの秘密

メリーさんはこの街のどこかで、あの白塗りの化粧品を買っているはずだ。女の勘でそう思った私は、伊勢佐木町の化粧品屋さんを一軒一軒訪ね歩いた。

「ああ、メリーちゃんなら知っているよ」「えっ」「うちでは化粧品は買ってないけど」

「そうですか……」

何軒も何日も訪ね歩いて、ある日、「柳屋」という化粧品店にたどりついた。

「すみません。メリーさんがこちらで化粧品を買っていませんか?」

「ああ、メリーちゃんならもう何十年もうちで化粧品を買っていますよ」

柳屋のおかみさんは事もなげに答えた。

「うちのこの水玉のかわいい袋が大好きでね。いつも『サンキュ、ママ!』と言って持って行きましたよ」

踊り出したい気持ちで更にお話を伺う。

「香水はどんな香水ですか?」「ああ、オーディコロンならまだあるわよ」

シュッと吹いてみると、さわやかな石鹸の匂いがした。なんだか少し意外。白塗りのことを訊いてみた。

「ああ、あれ? あれはね、私が教えたの」「えっ?」「いやー、メリーちゃんも羽振りのいい頃はアメリカの化粧品だったのよ。高級な物を使ってたけど、だんだん買えなくなってきてね。最後はこの日本製の五百円の舞台用化粧品になったの。ほらこれ、歌舞伎の役者さんや芸者さんが使う練り白粉。これだったら安いからいいんじゃない、って私が教えたの」

そうだったのか。白塗りの謎が少し解けた。何千円という高級品から五百円のお白粉に行き着くまで、化粧品の中にもメリーさんの人生が垣間見えた。

「あるときね、メリーちゃんが、泣いてきたのよ……」

メリーさんはおかみさんに、

「ママ、荷物盗られちゃったの。パパからもらった大切な指輪を盗られちゃったの」

と言って泣きじゃくったそうだ。

女性とはめったに口をきかないメリーさんが、このおかみさんの前で子どものように泣いた。そんな弱い一面も持っていたんだ……。きっとそれは大切な思い出の指輪だったのだろう。

「この街の奥には米軍の飛行場があってね、時間になると門が開いて、そこからいっぱい米兵が出てくる。それを狙って女たちが街に立つのよ」

街をずっと見続けてきたおかみさんは、そんな女性たちのことをどこか親しげに語る。

お礼を言って店の外に出た私に、伊勢佐木町はさっきまでと違う街に見えた。英語の看板が多いことに今さらながらに気づく。五十年前、この同じ大地の上に立っていた女性たちの人生が、その思いが、足の裏から流れ込んできた気がした。背中がぞくぞくした。
メリーさんのことを芝居にしたい。自分の声や身体を使って、この街に生きていた女性のことを演じてみたい。はっきりと心が決まったのはこの時だった。

劇作家　杉山義法先生

杉山先生と舞台上で　撮影／森日出夫

メリーさんを探しているうちに、気がつくと四年の歳月が流れていた。この間、私は劇作家の杉山義法（すぎやまぎほう）先生にずっとメリーさんのことを話し続けてきた。

杉山先生はこの頃、六十代。テレビの時代劇の脚本で活躍され、ＮＨＫ大河ドラマも手掛けられた脚本家である。私は先生が書かれた『青年』*という舞台に高杉晋作の恋人役で出演し、それ以来とても可愛がっていただいていた。ピアノやギターも弾かれる、音楽好きでロマンチストのとても素敵な方だ。

歴史上の人物、男らしい男を書かせたら右に出る者はいないと言われている杉山先生に、「女性が主人公の芝居を書いていただけないでしょうか?」そんなことをお願いしていいものかどうか……。無謀なこととは知りながら、メリーさんについて聞いたこと、感じた思いを杉山先生にFAXした。もちろん先生はそんな脚本を書く気持ちなどさらさらなかったと思う。それでも私はFAXを送り続けた。いつしか私は送り主の名前を「ローザ」と記すようになっていた。バラは横浜市の花。横浜の五大路子からのメッセージを、一輪のバラ、ローザとしてFAXを送り続けた。

一九九五年の春、友人と一緒に杉山先生の仕事場を訪れた際、私は一輪のバラの花を置いて帰ってきた。しばらくして先生から電話がかかってきた。

「いやー、あのバラ枯れないんだよ。何か不思議な気がして、やっぱり俺は彼女のことを書こうと思う」——先生は続けた。

「五大君、俺は軍国少年だった。それが敗戦となってしまい、多くの失われてゆくものを見つめてきた。だから俺はこの国の戦後史、横浜の戦後史、その中で生き抜いた一人の女性の話を書いてみようと思うよ。メリーさんだけじゃないんだ。メリーさんの後ろにいる何十万という女性を、そんな女性の総称としてのローザを書いてみようと思う。

俺はメリーさんを書くのではない。その時代を生きた女性たち『横浜ローザ』を、俺の想いを、日本の戦後史を重ねて書いてみたいと思うよ」

受話器を置いた私は涙がぼろぼろこぼれ落ちるのを止められなかった。杉山先生が書いてくださる、メリーさんの芝居を……。なぜこんなにも私はメリーさんに惹かれるのだろう。

——あなた、私の生きてきた今までをどう思うの。答えてちょうだい——

彼女の目がそう言っているように思えただけだった。その問いに答えようとしただけだった。だが、彼女を追い続けているうちに、ある想いが私の中に生まれていた。戦争、敗戦、戦後という時代を生きた父や母。その命のバトンを渡されて生きている私たち。そしてそのバトンをつなぐ子どもたちに……舞台を通してあの時代のことを、その中を生き抜いてきた一人の女性の心を伝えたい。

『横浜ローザ』——杉山先生の執筆宣言は、私の夢に名前を与えてくれた。

＊『青年』一九八六年　原作・林房雄　脚本・杉山義法　主演・森繁久彌　東京宝塚劇場

スリーネーション

メリーさんが店から叩き出されるところを見た、という人の話を杉山先生と二人で聞きに行った。馬車道で会ったその女性は、当時まだ若くて、その世界で働いていたそうだ。今の神奈川芸術劇場の近くにあった、「スリーネーション」というレストランバー。その地下の店からボーイにひきずり出されるようにメリーさんは出てきたという。路上に放り出されたメリーさんの乱れたスカートの下から赤い毛糸の下着が見えて、それでも抵抗することもなく無言でなすがままにされていたそうだ。

「スリーネーション」の近くには、外国人が経営するレストランも多くあった。その外国人レストランのママにも会うことができた。

「えっ、メリー？　メリーはね、うちの旦那に声をかけてきたんだよ！」

語調も強く言われた。今までメリーさんを悪くいう言葉は聞いたことがなかったが、やはりメリーさんは外国人相手の高級娼婦だったらしい。不快に思う人や反感を持つ人がいるのも無理のないことだろう。

この頃は不老町の近くに住み、「スリーネーション」のあたりが稼ぎ場だったようだ。

学生時代にこの店に行ったことがあるというポンパドウルの三藤達男社長は、米兵たちが出入りする店の前でメリーさんに「タバコある?」と声をかけられたそうだ。アメリカ人将校のオンリー（一人の特定の外国人と付き合う娼婦）として、高級ホテルに出入りしていたという噂も聞いた。

ふたつの夢

一九九五年十月二十一日。メリーさんをよく見かけるという噂の場所をたどって、杉山先生と横浜の街を歩いた。

関内駅を西側に出ると伊勢佐木モールの入口がある。メリーさんがよく座っているという「森永ラブ」や、化粧品を買っているという「柳屋」「松坂屋」「有隣堂」「不二家」などが並んでいる。このあたりは昭和三十年代まで米軍に接収されていて、戦災を免れた建物はそのまま使われ、焼け野原は整地されて進駐軍の兵舎や飛行場になっていたという。母が若い頃に映画を観に行ったというオデヲン座も、「オクタゴンシアター」と名前を変えて米軍専用の劇場になっていたそうだ。

少し先へ行くと、メリーさんたちが立っていたという「根岸家」の跡。今はどこにでもある町中の駐車場になっている。

向きを変えて福富町のＧＭビルへ。ここにもメリーさんの姿はない。昼は街に出かけて、夜になるとここへ戻ってくるのだろうか。

「もう少し歩いてみよう。今度は海の方へ行ってみないか」

先生に促されて馬車道のほうへ向かう。「アート宝飾」「相生」の前を通って現在の馬車道駅のあたりを越える。さわやかな秋風が潮の香を運んできた。

私たちはいつのまにか赤レンガ倉庫の前まで来ていた。明治、大正から佇む倉庫の壁は剥がれ、周囲に張りめぐらされた有刺鉄線。改修工事が始まっていた。

「みっちゃん、ここから先は俺の想像にまかせてくれ。事実を追いかけ続けても、どれが真実かわからないだろう。戦中を生きた俺の戦後史を書かせてくれ。ほら、この倉庫はずっとこの街を見続けて来たんだね。みっちゃん、僕たちが今作ろうとしているこの芝居をいつかここでやりたいね。そして、何年先になってもいい。アメリカで上演しよう。戦勝国のアメリカの人たちにローザの壮絶な人生と不屈の精神を、日本の戦後史を観てもらおうじゃないか」

赤レンガ倉庫で『横浜ローザ』の公演をすること、そしていつかアメリカでも上演すること——途方もない夢だと思いながら、私は「はいっ！」と自分でも驚くほど大きな声で返事をした。

メリーさんの伝言

——メリーさんをモデルにした芝居を演らせてほしい——

彼女自身の口から了承の言葉を聞きたくて、元次郎さんに案内してもらって出かけた夜のことを思い出す。福富町のＧＭビル。ウェーブを描く螺旋階段の手すりのそば、ステンドグラスの女神の前にメリーさんは立っていた。まず、元次郎さんが彼女のそばに行き話しかける。

「五大路子さんという方が、メリーさんのことをお芝居にしたいそうですよ」

するとメリーさんが高い声で「ああ、そう」と私に手を差し伸べた。私は近づいてその手を握った。触れた瞬間、メリーさんの小さな手の冷たさが熱いほどのぬくもりとなって私の体を駆け巡った。

——握手をしてしまった。メリーさんからの伝言を私は受け取ってしまった——その夜は一晩中眠れなかった。

その年の十二月二十五日。神奈川新聞の友人から一本の電話が入った。

「メリーさんがいなくなった！　メリーさんが救急車で病院に運ばれた！」

「えっ、メリーさんは、今どこにいるの？」

「それが分からない。病院に入ったんだけど、また抜け出してしまったみたい」

寒いクリスマスの日だった。

つい二ヶ月前メリーさんに会ったばっかりなのに……。どうしよう、私が会ったせいかしら？　不安に胸が締めつけられる。

年が明け、メリーさんの消息は不明のまま、時は過ぎていった。

あとになって分かったことだが、白内障が進んでほとんど目が見えなくなっていたメリーさんを、福富町のクリーニング店のご夫妻が世話をして、故郷に帰らせたそうだ。あの白塗りのまま新横浜駅から帰っていったという。

その時の私には知るよしもなかった——

一九九六年二月十四日、一人芝居『横浜ローザ』の脚本は完成した。

❖芝居のあらすじ❖

横浜の、とある雑居ビルの七階エレベーターホール。その廊下の一隅にいつからか住みついた一人の老女があった。「横浜ローザ」の名で知られた外国人専門の娼婦で、八十歳を越えた今でも本人は現役のつもりである。

夕暮れ時の馬車道やメリケン波止場に立つこともあるが、厚化粧で装ってみても、足下もおぼつかない老娼婦の客になる物好きはいなかった。やむなく今は雑居ビルのエレベーター・ガールをして、酔客のわずかなチップで生活をしている。

敗戦後の横浜でパンパンとして街角に立ち、米軍将校のマックと知り合って彼のオンリーに。つかのまの幸せな日々。しかしマックは朝鮮戦争で戦死。彼の腕時計だけが彼女の元に届く。故郷も家族も愛する人をも失ったローザ。マックの息子デイビーとの出会いに一筋の光を見るが、デイビーもまたベトナム戦争で精神を病み、彼女のもとを去ってゆく。

忍び寄る老いの孤独と死の恐怖。眠れぬ夜。いたずらに救急車を呼んでは淋しさをまぎらわせる。彼女が問わず語りに広げて見せる人生は、そのまま日本の戦後史であった。

撮影／森日出夫

【横浜ローザ年表】（杉山義法先生が最初にまとめられた芝居背景）

西暦	年号	年齢	横浜ローザ設定事項
1946	昭和 21	30	東京裁判開廷 5 月 3 日（夫 B 級戦犯で逮捕）。
1947	昭和 22	31	夫は捕虜虐待の罪で 5 年の重労働で沖縄送り。
1948	昭和 23	32	夫を横浜港で見送ったあと米兵に防空壕で犯され広島に帰れなくなる。
1949	昭和 24	33	米軍将校マックと出会い夢のようなオンリー生活が始まる。
1950	昭和 25	34	6月25日朝鮮戦争勃発。マックは結婚の約束をして朝鮮へ。
1951	昭和 26	35	マックの送金が途絶え初めて金髪で街角に立つ。
1952	昭和 27	36	沖縄から帰った夫に客引き姿を発見され殴られてそのまま決別する。
1953	昭和 28	37	7 月 27 日朝鮮戦争休戦。
1954	昭和 29	38	マックの戦死を知る。
1959	昭和 34	43	皇族スタイルで売り出すローザ。
1964	昭和 39	48	五輪選手の中にマックに瓜二つのデイビーを発見、彼はマックがアメリカに残した遺児だった。母親はすでに死亡、ローザが母親代りになる。
1965	昭和 40	49	横浜から米軍が姿を消して外人商社マン相手。不老町の 6 万円のアパートに住む。BAR『ボストン・ハウス』『スリーネーション』が稼ぎ場。
1966	昭和 41	50	稼ぎまくって米国のデイビーに仕送りをする。
1967	昭和 42	51	デイビー、大学を出てベトナム戦争へ。
1968	昭和 43	52	デイビーがベトナムから脱走して来る。貯金をはたいてスウェーデン船で逃亡させる。
1969	昭和 44	53	行きつけのレストラン BAR『スリーネーション』を摘み出される。 民間人から初めての屈辱。
1970	昭和 45	54	仲間は次々に普通の生活に戻って行く。
1971	昭和 46	55	馬車道の喫茶店『相生』を拠点とする。
1972	昭和 47	56	焦り……。
1975	昭和 50	59	広島の夫が交通事故で死ぬ。
1976	昭和 51	60	姑に頼られて横須賀のアパートに引き取る。
1977	昭和 52	61	姑の死……焦りと絶望。
1978	昭和 53	62	日本人の客を取る。金を貯める。
1985	昭和 60	69	BAR の開店資金を不動産屋に騙し取られる。
1986	昭和 61	70	厚化粧の老娼婦ローザがマスコミの話題になる。
1987	昭和 62	71	エイズ騒動で追われて福富町へ。
1989	平成 1	73	改元 1 月 7 日天皇崩御、皇居前へ駆け付ける。天皇に亡き父の面影を見ている。
1990	平成 2	74	記帳をする。どうしても本名が書けなかった。
1996	平成 8	80	伝説の娼婦横浜ローザ。

リハーサル風景（在りし日の杉山義法先生）／上には末廣博子書の「心」
撮影／森日出夫

【第二章】

赤い靴のローザ
横浜からニューヨークへ

Photo by Michel Delsol

横浜ローザの誕生／1996

一九九六年四月、日本橋の三越劇場で「杉山義法・ドラマ寄席」の中の一つとして『横浜ローザ』は産声を上げた。生まれたばかりでまだ四十五分の短い芝居だったが、東京を皮切りに関東、東北、関西とたくさんのところで公演させていただいた。

五月二十七日「がんばれ神戸！」。前年の阪神淡路大震災で大きな被害を受けた生田神社で公演。復興工事中の境内に組み立てられた手作りの野外ステージ。神戸にいたこともある元次郎さんが、郷里の親戚や仲間を誘って応援に駆けつけてくれた。

公演の前日、ある方が私に言われた。

「五大さん、あなたが明日公演する生田神社の境内、そこは敗戦後、多くの女性たちが涙をこぼしたところですよ」

その方のお母さまは当時、米兵相手の女性がたくさん立っているその場所で、おでんの屋台を引いておられた。いつも食べに来る女性がある日を境にぷっつりと来なくなる。「あの子はどうしたんだろう……」そんなことが何度もあったそうだ。

八月、念願の横浜での公演。メリーさんがいた街で、私はこのお芝居をやりたかった。なのになかなか劇場が決まらなかったのは、みんながメリーさんのことを知っていたから……。「あの白塗りの?」「娼婦の芝居?」そんな声が聞こえてきた。娼婦という言葉が今よりずっと眉をひそめられていた時代だった。「赤い靴の娼婦、というサブタイトルを消してはどうですか?」とも言われた。

それでもようやくいろいろな方の力をお借りして、メリーさんが元次郎さんのリサイタルを聴きに行った関内ホールで公演できることになった。一日だけの昼夜二回公演で観客数は二〇〇〇。

関内ホールの入口はそのまま馬車道につながっている。杉山先生は最後のシーンを「舞台から現実に向かって歩き出したローザが会場から街へ出て行く」という演出にされた。ラストシーン。白塗りで腰をかがめ、客席の通路の階段をゆっくりと上って行く。ドアが開くと真夏の陽の光が劇場に差し込んできた。私はローザの姿のまま、横浜の街へ一歩を踏み出した――

十月七日、忘れられない岐阜県大垣市での公演。開演五分前、楽屋で出番を待っていた私は、モニターの音を大きくしようと椅子から立ち上がり、手を伸ばした。その瞬間すっと足がすべり、ボキッという音と共に左腕に激痛が走った。

みんなが飛んで来る。倒れた私を覗き込む杉山先生の顔が真上に見える。

「どうする、どうする。やめるか？」「お客さんは？」「満席です。みんな待っています」「どうする？」「やります！」

腕と副木をガムテープでぐるぐるに巻いて包帯で吊って舞台に出て行った。

「私、腕を折っちゃってさ……」アドリブを入れて最後まで芝居を続けた。

終演後、急いで救急病院に行った。舞台の上では嘘のように消えていた痛みが猛烈に襲ってきた。左肘の骨折、靭帯切断。お医者さんはあきれて何も言わなかった。

今でも同じ姿勢でじっとしていると疼くことがある。でも、この痛みはメリーさんからの「私を忘れないで」というメッセージなのかもしれない……。そう考えると、一生付き合うだろうこの痛みも愛しく思えてくる。

もうひとりのローザ／1998

一九九八年、tvk（テレビ神奈川）のドキュメンタリー『港の女・横浜ローザ―失われた時を求めて』で、私は番組の水先案内人を務めた。『横浜ローザ』の舞台映像と、戦後まもない横浜の写真、街の人へのインタビューで、メリーさんのいた横浜、もうひとつの戦後史を探す。

三浦八重子さんと。元次郎さんのお店、日ノ出町にある「シャノアール」にて

元次郎さんの紹介で一人の女性にお会いする。三浦八重子さん。かつてはメリーさんと同じようにハマの町に立っていた外国人相手の娼婦。今は曙町の小さなバー「ビクトリア」のママだ。夜遅く、彼女のお店に伺って話を聴いた。

話し方がとても丁寧で、ご自分のことは笑顔ではぐらかすようにあまり答えてくださらないが、メリーさんのお化粧のことを聞くと「あれは私の真似をしたの」と言われた。

当時、白い帽子に白いドレスのメリーさんは「皇后陛下」と呼ばれていた。三浦さんは「金髪の三浦」と呼ばれていて、最初に金髪にしていたのは三浦さんだったそうだ。

「金髪にブルーのアイシャドウ、濃いめのアイライン、真っ赤なルージュで伊勢佐木町に立っていたら、メリーちゃんがそばに来てじっと私の顔をのぞきこむの。『そこ、どいてくれる?』と言っても、じっと見ている。警察を気にしながらお客を引こうとして立っているんだから、そばにいられたら迷惑な話ですよ。それである日街に出ると、黒髪だったメリーちゃんが金髪になり、アイシャドウとアイラインをくっきり描いているじゃありませんか。びっくりしましたよ。オリンピック(一九六四年)の頃だったと思うわ……」

終戦直後、焼け跡の目立つ伊勢佐木町に早々と「根岸家」という飲食店ができた。二十四時間営業でバンド音楽が流れ、和食・洋食、お酒も飲めたので、国籍を問わず多くの人で賑わっていた。その前に三浦さんやメリーさんたちも立っていたそうだ。

「警察沙汰や、MP(米軍の憲兵)が飛んでくるような揉めごとも、時々ありましたね」

穏やかだがきっぱりとした口調の三浦さんは、家族を食べさせるために娼婦になった、と話す。

「親や弟たちの命綱を首にかけて生きてきたようなものですよ」

彼女と話しているうちに、心の奥にいつも澱んでいる問いが浮かび上がってきて、私は番組の撮影中だということも忘れて自分の想いをぶつけた。

「戦争を知らない私が……敗戦の苦しさを、女性たちの哀しさを本当には分からない私が、ローザを演じていいんでしょうか?」

三浦さんは一瞬私から目を逸らし、もう一度私を見つめた。

「ええ、誰かがあの時代のことを伝えないと。頑張って残さないといけないと思いますよ。やってください。メリーちゃんも喜ぶと思いますよ」

優しく力強い声だった。

——演じようローザを。ローザが生きている舞台を——そう思った。

番組の撮影途中で情報が入って、メリーさんの行きつけだった美容院の方から話を聞けることになった。

伊勢佐木町の「ルナ美容室」。メリーさんはこのお店でいつも髪をセットしていた。

だが、八十年代、エイズ（ＨＩＶ感染）の報道がされはじめて、メリーさんへの風当たりは厳しくなった。

「あの人と同じ櫛で髪をとかさないで」「あの人が来るならもうこの店には来ない」常連さんたちがそう言い始めた。

ある日、美容師の湯田さんは哀しい気持ちでメリーさんに告げた。

「悪いけど、うちの店にはもう来ないでください」

そう言って最後のヘアーセットをしたそうだ。メリーさんは怒りもせず鏡の中の自分を見て、ただ一言「きれいね……」とつぶやいたという。

横浜夢座　旗揚げ／1999

三本立ての一本だった『横浜ローザ』は、再演のたびに杉山先生が台詞やシーンを書き加えてくださり、一本立ちの舞台として色々なところから公演依頼をいただくようになっていた。

一九九八年の夏の初め、よこはま市民メセナ協会会長の西田由紀子さんから「横浜の金沢区で『横浜ローザ』の公演をやってほしい」と連絡をいただいた。初めてお会いしたときの第一印象は「高校の生徒会長のような人だ！」彼女の理知的でキラキラした雰囲気に惹かれた私は、二度目にお会いしたときに、

「私には高校生の頃からの夢があって……。横浜から発信した演劇を世界に広めたい。横浜発の劇団を作りたいんです」

とかねてからの夢を思わず口にしていた。すると彼女は即座にきっぱりと、

「大丈夫、できますよ！」

「えっ……でも人もお金も組織も何もない、ないないづくしなんですよ」

「大丈夫、五大さんの揺るがない夢と志があれば、できないことなんてありません。横浜を愛する人、五大さんと共にその夢を見てくれる人たちがいれば、思いは必ず叶います」

よこはま市民メセナ協会も、西田さんが仲間たちと新しい分野に挑戦し立ち上げた、文化支援のボランティア団体だ。私にもできるだろうか……。

「やります！」

彼女の言葉は私の夢の箱の鍵を開けた。

『横濱行進曲』　撮影／森日出夫

最初に横浜市大の西丸與一（にしまるよいち）教授に相談した。西丸先生は『法医学教室の午後』の著書などで作家としても有名なお医者さまだ。

「まずは実行委員会を作ったらいいんじゃないの？」西丸先生は言われた。

次に、アート宝飾の六川さんに声を掛けた。横浜みなと祭でご一緒するたびに「メイドイン横浜の文化を発信しよう！」とよく話し合っていたのだ。

そして神奈川新聞の田代昌史さん。他にも横浜を愛し、私の活動を応援してくださっている方たちに声を掛けると、二十名ほどの方が集まってくださった。

こうして一年あまりで「横浜夢座」実行委員会が誕生し、一九九九年十二月には横浜ランドマークホールで「横浜夢座」旗揚げ公演をすることとなった。

記念すべき第一回公演は『横濱行進曲』（杉山義法／脚本　杉山義法・和田喜夫／共同演出）。大正時代の横浜山下町にあった撮影所*を舞台に、映画監督のトーマス栗原、横浜出身の女優・紅澤葉子（べにさわようこ）、文豪・谷崎潤一郎など実在の人物が出てくるお芝居だ。杉山先生に脚本をお願いすると、映画好きの先生はノリノリに乗って「よし、書くぞ！」と引き受けてくださった。

横浜の劇団を作ることが夢だった私は、プロの役者とオーディションで選んだ市民とで舞台を創る、という方法を選んだ。劇団を立ち上げて初めての公演ということもあり、座長としては本当に大変だったが、この時に一緒だったメンバーは今も、私の夢を支えてくれる掛けがえのない仲間になっている。

＊「大正活映撮影所」大正九年から十一年まで、無声映画を製作・配給した映画会社。現在の元町一丁目にあった。横浜元町公園に跡地を記す石碑が立っている。

奇跡の歌姫　渡辺はま子／2001

さて、横浜夢座旗揚げ公演は終わってみると大赤字だった。もう次はない、とみんなから言われ、さすがの私も「一回の公演で横浜夢座は解散か……」と打ちひしがれて、年末から正月にかけて寝込んでしまった。ちょうどそのとき、神奈川学園演劇部時代の友人、やっちゃんこと岡安康子さんから電話がかかってきた。

「みっちゃん、渡辺はま子さんが亡くなったんですって」

その言葉で私は布団から起き上がった。いつもそうだ、私には天から何かがピピっと降りてくることがある。横浜夢座プロジェクト委員の鴇田要一さんからは「今度は何が降りてくるの？　まだ降りてこない？」と、からかわれるのだが、本当にふっと何かが降りてくる。その直感に従って題材を掘り起こし、夢座の芝居を作っていく。この時もそうだった。

渡辺はま子さんは一世を風靡した国民的な歌手だが、戦時下でレコードの発売を禁止されたり、時代の波に揉まれて大変な苦労をされた。戦後、フィリピンの日本人戦犯が作詞作曲した「あゝモンテンルパの夜は更けて」を吹き込み、モンテンルパの刑務所への慰問コンサートを実現させた上、フィリピン政府に日本人戦犯の釈放を嘆願して、全員の帰国に助力した女性だ。

はま子さんやモンテンルパのことを調べれば調べるほど、私はこの芝居がやりたくなった。戦争が終わって何年も経つのに、私が生まれた年に十四人もの人が戦犯として処刑されていたということ。その事実を私は初めて知った。

ただ、舞台化するまでの道は平坦ではなかった。渡辺はま子さんの関係者の方を最初に訪ねた時、

『奇跡の歌姫　渡辺はま子』

「あなたは娼婦の芝居をやっている女優さんでしょ。娼婦の役をやっている人が渡辺はま子さんをやるんですか」と言われた。それでもあきらめずに何度も何度も門を叩いているうちに、私の想いを分かっていただき、その方とはすっかり仲良くなれたのだが。

金銭面の課題に関しては、「横浜の芝居をするのなら、横浜のみんなで応援しよう！」と企業の人たちが、お金を積み立てて資金援助をする「横浜夢座倶楽部」を立ち上げてくださった。唯一の女性メンバーである山口弥生さんは「物事を進めて行くには、ためらわず想いを言葉にする」という心構えを教えてくださった。女優という立場でしか演劇に向き合ってこなかった私は、組織づくりのいろはをこの時に学んだ。

こうして第二回公演の『奇跡の歌姫　渡辺はま子』（脚本・山崎洋子　演出・遠藤吉博）が生まれ、それ以降は毎年、新作に挑んでいけるようになった。

いろんな人たちの輪が奇跡のようにつながって横浜夢座はできている。『横浜ローザ』と『夢座本公演』を並行してほぼ毎年取り組む。それは切り離すことのできない私の右半身と左半身のようなものだ。

横浜市内　リレー公演／2001

「横浜ローザは横浜から生まれました。横浜の人たちにこのお芝居を観てもらいたい。ぜひ出前芝居として全区を回りたい！」

ある講演会でお話しさせていただいたのがきっかけで、二〇〇一年十一月から十二月にかけて、横浜市内十六区でのリレー公演が実現した。どこの区でも開場前からお客さまが詰めかけて列を作る盛況だったが、毎回違うホールでの公演は役者にとってもスタッフにとっても、思った以上にハードだった。公演日が続くときには舞台が終わってすぐに撤収、移動、搬入の繰り返し。ステージや観客席の大きさも違うので、セッティングも演出も少しずつ変わる。

それでもたくさんの人に出会える嬉しさに、私の疲れは吹き飛んでいた。

青葉区の公会堂では白い杖をついた方がいらして、

「ありがとう。私は横浜ローザさんに会えました。あなたが今日、私の街まで来てくれたから、ローザさんの命に会えましたよ。ありがとう」と言ってくださった。

南区では車椅子の方たちが大勢、デイサービスの特別プログラムとして観劇に来てくださり、公会堂のスタッフの方たちがその人数に驚きながら対応されていたのを覚えている。

ひとつめの夢　赤レンガ倉庫公演／2003

二〇〇三年八月、多目的ホールとして生まれ変わった赤レンガ倉庫1号館で『横浜ローザ』公演の幕があいた。杉山先生と語り合った夢のひとつが八年越しに叶えられたのだ。劇場入りの日、スニーカーにジーンズ、赤レンガ倉庫オリジナルの赤いジャンパー姿で口笛を吹きながら現れた先生は、日活映画の石原裕次郎さながらに「みっちゃん、ついにここで出来るぜ！」とポーズを決めてみせた。

私は泣き笑いのような顔で大きくうなずいた。

二人の死／2004

二〇〇四年三月、元次郎さんが亡くなった。二年半前、横浜市開港記念会館で『横浜ローザ』の楽屋を訪ねてみえた時、「私、ガンになっちゃったのよ」と言って涙ぐまれたことを思い出す。亡くなる四ヶ月前には野毛シャーレ（横浜にぎわい座小ホール）で、映画『ヨコハマメリー』（監督・中村高寛）の試写会と合わせてミニコンサートをされた。そのとき歌われた「哀しみのソレアード」は絶唱というにふさわしく、今も私の耳に残っている。

元次郎さんの死から五ヶ月後。まさか杉山先生が亡くなるなんて夢にも思わなかった

――

『横浜ローザ』の稽古は、再演を重ねているのと杉山先生がお忙しいことから、私だけで一ヶ月前くらいから自主稽古を始め、劇場入りしてから先生に見ていただくことにしていた。その年の赤レンガ倉庫での公演は八月の十四日、十五日。九日から搬入を始め、音響・照明のセッティングと並行して稽古をする予定だった。それ以前に京王プラザホテルで行われた打ち合わせで、杉山先生は照明の高山晴彦さんと『横浜ローザ』の続編の話をされたそうだ。ホームレスの男が暴走族に襲われるところをローザが傘を振

らしい。

り回して助け、二人は恋に落ちるというお話——冗談だとは思うがロマンチストの先生

杉山先生が亡くなられたのは八月三日。私が自主稽古から帰る途中、東神奈川のガード下あたりを車で走っている時、娘の葉子さんから電話が入った。「今、父の仕事場に来ています」その一言で通話が切れた。……おかしい。先生はご自宅とは別に仕事場を持っておられる。その先生の部屋に葉子さんがひとりで？　胸騒ぎがした。——先生の訃報を聞いたのはそれから数時間後。夜中にくも膜下出血で倒れられて、そのまま逝ってしまわれた。

八月九日劇場入り、十一日、十二日、音響・照明仕込み。

「十三日の舞台稽古までホワイエ（劇場ロビー）で稽古をしようね」と先生と約束していた。それなのに先生はいない。同じ夢を見て走っていた半身が引きちぎられたようだった。

「先生、私どうすればいいの？」

それでも幕は開けなければならない。着替えやメイクを手伝ってくれる女の子たちが、

心配そうに私を見ている。ホールの中では照明や音響スタッフの方たちが黙々と作業をこなしている。私はホワイエでたったひとりの稽古を始めた。杉山先生が座るはずだった椅子に、誰かが赤いバラを一輪、置いてくれた——

十四日昼・夜と、十五日昼の三回公演。舞台の上では涙はこぼさなかった。

先生の死は、ひとりでも歩き続ける覚悟と向かう道を私に教えてくれた。今までは先生のまなざしに守られて私は舞台に立てばよかった。それを失ったとき、自分が宇宙に捨てられたゴミのように頼りなく思えた。そんな私を引き戻してくれたのは——お客様のまなざしだった。舞台の上でローザを生きようとしたとき、客席で見ていてくれる人たちのことを思った。ローザと同じ時間を生きているのは、ただそこにいる人たち。これからはお客様と一緒にローザの命を紡いでいこう。そう思った。

急逝した杉山先生の代わりに、『奇跡の歌姫　渡辺はま子』の演出をしてくれた遠藤吉博さんが加わってくれて、二〇〇四年の『横浜ローザ』は無事に幕を開けた。これ以降、二〇一三年までは遠藤さんに演出をお願いする。

遠藤さんは杉山義法演出を大切にしながら、ローザをより深く豊かに肉付けする演出をしてくれた。

最大の疑問——なぜ彼女は白塗りのまま立ち続けたのか?——

その答えを丁寧に探っていく。

「僕は架空の女性ではなく、一人の人間としてのローザを五大さんと一緒に作り上げたい」遠藤さんはそう言ってくれた。

毎年毎年、演出家とたくさん話し合って肉付けし、成長したローザをお客さまに観てもらう。お客さまのまなざしが、またローザを成長させてくれる。

ひとつめの夢だった赤レンガ倉庫での公演を、毎年八月に繰り返しながら、私の心の中にはいつも杉山先生とのふたつめの約束があった。その夢を実現したいと願っていた。

「アメリカの人たちに横浜ローザを観てもらう」

横浜夢座本公演の企画や他にどんなに忙しい仕事があっても、私の夢はしぼむことはなかった。

メリーさんのお墓へ／2008

二〇〇八年七月、恒例の赤レンガ倉庫での『横浜ローザ』公演の一ヶ月前。私は新横浜から西へ向かう新幹線に乗った。

メリーさんが二〇〇五年一月十七日に八十四歳で亡くなったことを、私は人づてに聞いて知っていた。彼女の故郷も聞いているので、お墓の場所までは分からないが、行けばなんとかなるだろう。時々無謀に突っ走る私を心配してか、横浜夢座のゆめちゃん（由愛典子（ゆめのりこ））が同行してくれることになった。

新幹線から在来線に乗り換え、中国地方の山間の町へ。メリーさんの故郷はそこから更に電車を乗り継いで行くのだが、時刻表をみると待ち時間が少しある。この近くにメリーさんの入っていた老人ホームがあるはずだと、思い立ってタクシーでそこへ向かう。

メリーさんのいた部屋を見せてもらうと、窓から見える景色は、緑の木々と電線と水色の空。横浜の街とは全く違う。

食堂にも案内していただいた。映画『ヨコハマメリー』の中で元次郎さんが「マイウェイ」を歌っていた場所だ。穏やかな笑顔で、うなずきながら歌を聴いていたメリーさんを思い出す。

帰り際、「ここでメリーさんは笑顔で暮らしていたんですね」とつぶやいた私に職員の方は言った。

「ええ。ただ、男の人をこわがっていました。特に大きい人を」

……ショックだった。幸せそうな笑顔だったのに、あの笑顔の下には傷ついた心が隠れていたのだろうか？　白塗りの仮面の下の彼女の人生を、彼女の心をそんなにも深くえぐり傷つけていた戦争——私の胸の中を例えようのない哀しさが渦巻いた。


一両だけの列車にゆられて一時間、やっと彼女の生家のある無人駅に辿り着いた。ホームには人っこひとりいない。山また山が四方をぐるりと取り囲む。ここでメリーさんは生まれ育ったのだ。

知人に貰った地図をたよりに、二十分ほどで彼女の生家に辿り着く。その裏山にお墓があるのではと、二人で山を登りはじめる。暑い。日傘を差していたが、草ぼうぼうの道で蛇が出そうなので、傘を棒のように振り回し、草を蹴散らしながら歩く。行き止まりの道をまた戻り、探しながら汗だくになって、とうとう山頂まで来てしまった。振り返ると雄大な山々の間を大きな川が流れている。この景色をメリーさんも見て育ったのだろうか。

少し休んでから、半ばあきらめて下りかけると坂の途中にお堂が見えた。道がないので滑りそうになりながら行ってみると、大きな杉の木と仏像が三体。手を合わせてお参りする。

汗が流れ落ちるのを拭きながら山を下りて行くと、左手に上る道を見つけた。あった、あった！　こみあげてくる想いに急かされて私は走った。しかし墓石に刻まれていたのはメリーさんの本名とは違う名前だった。

太い道路まで降りるとガソリンスタンドがあった。村に一台しかないというタクシーを頼むとあいにく出払っているとのこと。タクシーの運転手さんの奥様が、気の毒がって自家用車で来てくれた。

メリーさんの通っていた小学校や、遊んでいた神社がないかと、車で回ってもらう。小さな神社では毎年十月に花だんじりのお祭りがあるそうだ。子供たちが嬉しそうに山車（だし）を引っ張る姿が目に浮かんでくる。明治時代に建ったという小学校には古い木造の校舎が残っていた。

高台にお寺があったので、待っていてもらって、ゆめちゃんと二人で墓石を一つ一つ見てみたが、そこにも彼女の名前はなかった。

喉が乾いたが自動販売機もない。お腹が空いたが食堂もない。ただギラギラ光る太陽と、山と川があるだけだ。

あきらめて車に戻ると「何をそんなに一所懸命探しているの?」と訊かれたので、メリーさんの弟さんの名前を出すと、「その方にはお世話になったことがある。一緒にお墓を探してあげる」と言ってくださる。

「もういいんです」と慌てて断わろうとする私に、

「あきらめたらダメ。人間、死ぬ思いでやれば通じるもんだよ。私なら地元の人間だから誰も不審に思わない」そう言って村の人に訊いてくださった。

大体あの辺りかしらね、と教えてもらった方角は、なぜか通り過ぎるときに心が引かれ気になっていた場所だった。

「あそこに行ってください」と車を走らせてもらった。山裾に開けた田んぼの畔の中。

「ああ、ここだった!」ついに私たちはお墓を探し当てた。

『慈光院妙覚――』

駆け寄って墓前にひざまずく。「やっと会えた……」涙が溢れた。

『横浜ローザ』の舞台のチラシを墓石の前に置き、手を合わせる。本名に戻った彼女の声が聴きたくて目を閉じる。空気を震わすような、かすかな声が聴こえた気がした。

――あなたはあなた自身を探しにここまで来たのね――

時代に翻弄されながらも生き抜いたひとりの女性の墓標に、私は深々と頭を下げる。

足元に一輪のアザミの花が、鮮やかな紫の色を輝かせていた。

横浜ローザ海を渡る／2013～2015

二〇一五年四月二十五日・二十六日。ニューヨークにあるジャパン・ソサエティーの劇場で『横浜ローザ』二回公演。両日いずれも満席。

――杉山先生、ふたつめの夢が叶いました。ローザは海を越えることができました――

有刺鉄線に囲まれた赤レンガ倉庫の前で、杉山先生と約束した二十年前の情景が鮮やかによみがえってきた。

❖ニューヨークへの道

振り返れば、ニューヨーク公演までの道のりは想像以上に険しいものだった。そもそもどうやって海外公演をしたら良いかも分からなかった。それでも杉山先生との夢の実現に向かって、私はひたすら前に進むことしか考えなかった。何か良い方法はないものか。友人、知人はもちろん、演劇関係者、ジャーナリスト、仕事で出会うありとあらゆる人たちに訊いて歩いた。

ある新聞記者の方から教えてもらったのが、ニューヨークにあるＮＰＯ団体、ジャパン・ソサエティーだ。明治四十年（一九〇七）に日米の相互理解と友好のために設立され、政治・経済・文化など多岐にわたる日本の情報を紹介している歴史ある団体。講演会や美術展覧会、舞台公演などを開催し、毎年いくつもの劇団やアーティストをニューヨークに招いている。

「ここにお願いするしかないわ。ダメでもともと。頼んでみよう」

暗闇に小さな光が見えた。

それからというもの、私は何度も『横浜ローザ』の公演企画書をジャパン・ソサエティーに送った。しかし、いっこうに期待している答えは返ってこない。書類の書き方に問題があるのではないか？　プレゼンテーションの仕方が悪いのかもしれない……いっそ直談判をするのはどうだろう？

そんなとき思わぬ依頼があった。ニューヨークで活躍する日本企業の方と、その御家族の親睦会、「日本クラブ」で講演しないかというお話だった。

「可能であれば来月、講演に来ていただけませんか？」

「行きます！」私は渡米を決意した。

二〇一三年三月十三日。私は生まれて初めてニューヨークの地を踏んだ。今回の講演会の話をまとめてくれた横浜夢座プロジェクト委員の吉富真里さんが同行してくれた。

立ち並ぶ摩天楼。東京とは一味違う華やかな大都会。ニューヨークに来ることが決まった時から、私はジャパン・ソサエティーの担当者に会って、『横浜ローザ』アメリカ公演への想いを直接伝えようと考えていた。思い立ったら即行動！　すると、なんと日本クラブでの講演会の前日にアポイントが取れたのだった。

さあ、ここからが勝負だ。ジャパン・ソサエティーのビルは、ニュースで見たことのある国連ビルの目と鼻の先にあった。エントランスに足を踏み入れると、広い壁のいたるところに日本の芝居や映画、アートのポスターが貼られている。吉富さんと私は大きなソファに座って担当者を待った。

「お待たせして申し訳ありませんでした」笑顔で現れたのは、ジャパン・ソサエティーの芸術監督、塩谷陽子（しおやようこ）さん。

「五大路子さんですね。遠いところまでおいでいただきありがとうございます。送っていただいている資料や企画書は拝見しております」

改めて自己紹介を済ませ、私は本題に入った。まずは、『横浜ローザ』のモデルとなったメリーさんとの運命的な出会い。メリーさんの足跡をたどり取材して歩いたこと。戯曲にしてくれた杉山義法先生のことなど、作品が出来るまでの過程と苦労を話した。

「この芝居は横浜に立ち続ける一人の老娼婦の物語です。彼女の人生を描くことで、戦争の悲惨さ、どんなことがあっても生きて行く命の尊さ、平和の大切さを描いた作品です」

私は懸命に訴え続けた。気がつくと話し始めて二時間が過ぎていた。塩谷さんは何度か頷いてはいたものの、私が話し終わると一瞬の間を置いて言った。

「五大さんの情熱はとてもよく伝わってきました。ですが私どもでは御存じのように、日本の伝統演劇や前衛的な作品を扱っています」

そう言ってパンフレットを見せてくださり、

「今日は本当にご苦労様でした。いろいろと参考になりました」

その淡々とした一言で、あっさりと幕が降ろされたような気がした。

落胆する私に塩谷さんは「私も年に何度か、舞台やアートを探しに日本へ行く機会があります。ご都合がよろしければ、またその時にお会い出来ればと思います」と続けた。


翌日、講演会のために私は五十七番街にある日本クラブへ向かった。昨日のことはショックだったが、落ち込んでなんていられない。

会場のローズ・ルームには百人近い人たちが集まってくださっていた。

「横浜から演劇を発信したい」という夢。『横浜ローザ』という芝居を上演し続けていること。その『横浜ローザ』をアメリカで公演するという杉山先生との約束。そんなことを心を込めて話し、最後に『長谷川伸の心の女たち』の一人芝居の一部分を披露すると、大きな拍手をいただいた。

懇親会では「横浜ローザをニューヨークでやって下さい。必ず観に行きます」とたくさんの方から声を掛けていただいた。それと同時に訊ねられたのは「震災は大丈夫だった？　原発は、放射能は大丈夫？　日本は大丈夫なの？」ということだった。二年前の東日本大震災のことを、みなさん本当に心配しておられた。

デザイナーをやっているという八十六歳のご婦人が「必ずニューヨークにいらっしゃい。待っているわよ。私が生きているうちに、元気な日本の姿を見せに来てね」と手を強く握ってくださった。

会場の一人一人と握手を交わしながら私は「夢を絶対にあきらめない。何度だって挑戦しよう」と心の中で繰り返していた。

❖塩谷さんの来日

塩谷さんからメールが届いたのは七月の初めだった。

「八月末に日本に行く用があるので会えませんか？」

……もしかして。心の中がざわついた。招聘公演の可能性はないと思っていたこの四ヶ月、私は次の手をどう打とうかと途方にくれていた。

八月二十八日、渋谷のホテルのラウンジで塩谷さんと再会した。場所が日本ということもあったのだろうか、初対面の時よりお互いに、随分とリラックスした雰囲気だった。私は『横浜ローザ』の招聘の可能性について質問してみた。

彼女は顔色も変えずに答えた。

「あれから何度かDVDを見直しましたが、アメリカ人は興味を示さないと思います」

二度目のNO！　に私は色を失った。彼女がメールしてきたのはわざわざそれを告げるためだったのだろうか。しかし私がコーヒーに手を伸ばした時、

「五大さん、少し演出を変えることは出来ないでしょうか。今のままではおとなし過ぎます。最初からもっと興味を引く、戦争についても分かりやすい演出にならないでしょうか」

予期せぬ申し出に驚いて、私は思わずカップをソーサーに戻した。望みがつながった！ただ、舞台の演出を変更することは容易なことではない。

再び来日した塩谷さんと三度目に会ったのは二ヶ月後の十月。場所は横浜の馬車道に

ある喫茶店「相生」。

「この店は横浜ローザのモデルになったメリーさんが、時々コーヒーを飲んでいたお店なんですよ」

私たちが座ったテーブルはもちろん、メリーさんが大好きだった出窓の席。

「五大さん、それで先日お願いした演出の件ですが……」

「はい、私たちもいろいろと考えました」

この二ヶ月間、私たちはありったけの知恵を絞っていた。演出を大西一郎さんにお願いし、映像と音楽をふんだんに入れてショーアップした舞台。アメリカの人たちや若者にも分かるように、戦後の焼け野原から現代までの日本の映像を、年表のように早送りで投影する。そしてその演出の舞台を、翌年八月に赤レンガ倉庫で公演する。

聞き終わった塩谷さんは「分かりました。では来年の八月にまた来日します。赤レンガ倉庫での舞台を楽しみにしています」と帰って行かれた。

❖性の防波堤

二〇一四年。この年の『横浜ローザ』は例年よりも早くから打ち合わせを重ね、準備を始めた。大西さんの提案により脚本の構成を大きく変え、演出も大幅に変わる。私は二十年来の芝居をゼロに戻し、新作に挑む緊張感で稽古場に立った。

ジャパン・ソサエティーの塩谷さんからメールが届いた。

「この夏のローザは必ず観に伺います。そのうえで正式決定いたします」

大きなプレッシャーをひしひしと感じた。

終戦記念日の前日の八月十四日、この年の『横浜ローザ』は初日の幕を開けた。ニューヨークバージョンのお披露目だ。塩谷さんが観劇に訪れたのは十八日の千秋楽だった。

――ここまで来て失敗は許されない――

震えるほどの緊張の中、私は全身全霊を込めて演じた。その想いが客席にも伝わったのか、幕が降りても拍手がいつまでも鳴りやまなかった。

二日後、塩谷さんと品川の喫茶店でお会いする。彼女は私の顔を見るなり、笑いながら右手を差し出してくれた。私はその手を力いっぱい握り返した。

「映像で戦争がリアルなものになったと思います。あれならアメリカの人たちも遠い昔の話とは思わないでしょう。ただ一点だけ、ここに出てくる『性の防波堤』という言葉を違う表現にできないでしょうか？」

思ってもみなかった彼女の指摘に私は息をのんだ。その言葉が出てくるのは、ローザが自分の過去を語る場面だ。

ローザ「あなた、あたしパンパンよ。パンパンって何だか知ってるのって訊いてやったの。そしたら、こう云うのよ。『日本が戦争に負けた時、米軍兵士の相手をして日本の女たちを彼らの欲望から守った人たちです。貴方がたは、性の防波堤です』だって。とうとう防波堤にされちゃった……」

息を深く吸い、心を落ち着けてから答える。

「持ち帰ってよく考えてみます。後日返答させてください」

塩谷さんが帰った後、窓の外の景色を眺めながら私は杉山先生の言葉を思い返した。

「みっちゃん、俺はローザの生きざまを通して、日本の戦後史を書くよ」

昭和二十年。戦争に負けた日本に四十万人の進駐軍将兵が送られてきた。横浜には十万人の兵士が駐留。伊勢佐木町周辺にはかまぼこ兵舎が立ち並び、星条旗がひるがえっていた。一般女性への性犯罪を防ごうとした日本政府は、特殊慰安施設を作り、売春婦を募集した。

――性の防波堤という言葉を消すことを、心血を注いで書いたセリフを変えてしまうことを、杉山先生はどう思われるだろうか――

私は台本を読み直した、何度も何度も。この言葉のために公演ができなくなるのは困る。だからと言って簡単に消してしまうことはできない……。宗教学者の山折哲雄(やまおりてつお)先生にも相談してみた。『横浜ローザ』のことをよくご存じの先生は色々なアドバイスと共に、「よく考えなさい。大切なことは省いてはいけない」と言ってくださった。

大切なこととは何だろう？　私はもう一度、台本を読み返した。杉山先生の想いはひとつひとつの言葉の中に散りばめられ、力強く息づいている。

――大丈夫だ。この言葉をカットしても、杉山先生の想いを伝えることはできる。私は精一杯、芝居でそれを表現しよう――

「『性の防波堤』という言葉はカットします」塩谷さんにそう伝えると、

「来年四月、ニューヨークで皆さんとローザに会えるのを楽しみにしてます」と返信が届いた。長く曲がりくねった米国公演への道の終わりがようやく近づいて来た

その年の十一月七日、ジャパン・ソサエティーからの正式な招聘状が届いた。

❖お金が足りない！

これでやっと一安心と思っていたら、思わぬ問題が持ち上がった。

「大変だ、どうしよう。これじゃあ、アメリカに行くのは無理かもしれないよ」

夢座事務局の伊藤斉（いとうひとし）さんが頭を抱え込んだ。たとえ二日間とはいえ、米国公演には多額の費用が必要となる。頼みの綱だった文化庁からの助成金が下りないと分かったのだ。ジャパン・ソサエティーが補助してくれるのは現地での滞在費だけ。私を含め演出家やスタッフなど十数人分の渡航費、大道具・小道具・衣装・写真のパネルや生演奏のための楽器などの運搬費も全額こちらで負担しなければならない。まさかこの期に及んでこんな難問にぶつかるとは……。

切羽詰まった私は、「横浜夢座倶楽部」の世話人会の方々に相談した。「何か良い方法はないものでしょうか」

すると逆にこんな質問をされた。

「もし費用の工面がつかなかったら、アメリカでの公演を諦めてしまうのですか？それでいいんですか？」

「そんなことはありません。絶対に行きます！」

「五大さん、横浜の演劇を世界に発信するんですよね。またと無いチャンスですね。どこまで力になれるか分かりませんが考えてみましょう」

数日後、横浜夢座倶楽部有志一同が中心になって、応援する会として壮行会を計画しているとの連絡を貰った。会費制で誰でも参加出来る会にして、その会費を公演費用に充てる。さらに地元の神奈川新聞社の協力で、支援金を募る応援広告のスペースをいただいた。こうしてたくさんの方たちから「五大さんの夢は私たちの夢です。応援します」との力強いエールを貰った。

——どんなことがあってもニューヨークへ行く——私は心に誓った。

二〇一五年三月十日。関内にある横浜メディア・ビジネスセンターには『横浜ローザ　ニューヨーク公演　壮行会』の大きな看板が掲げられていた。

会場には横浜夢座倶楽部、横浜夢座プロジェクト委員、友の会のフレンズクラブの仲間たち。他にも、『横浜ローザ』を愛するたくさんの人たちが集まってくれていた。長年の友人である玩具コレクター北原照久（きたはらてるひさ）さん、神奈川県の黒岩祐治知事のお顔も見える。司会はフリー・アナウンサーの宮内恒雄さん。山崎ハコさんが『横浜ホンキートンクブルース』を唄ってくださり、J:COMさんは『横浜ローザ・ニューヨークへの道』と題した映像を作ってくださって、会場で流させていただいた。

夢を後押ししてくれる壮行会。こうして最後の障害もクリア！　というわけにはいかなかったが、ええいままよ、あとは何とかなるだろう！　ローザは海を越えることになった。

ついにカウントダウンが始まった。ニューヨーク公演は、一ヶ月後に迫っていた。

❖ニューヨーク！

二〇一五年四月二十二日午前十一時。私たちはジョン・F・ケネディ国際空港に降り立った。東京からの十三時間のフライト。ついにニューヨークにやって来たのだ。大の飛行機嫌いで「できれば一生乗りたくない」と話していた演出の大西さんが「長かった

国連本部前で　撮影／小林富夫

ですね。やっと着きましたね」とぽつり。一同、笑いに包まれた。
チャーターしたバスでジャパン・ソサエティーへ向かう。高層ビルの間を、白い花をいっぱいにつけた豆梨（まめなし）の街路樹が続く。「うわあ、きれいー」桜によく似た花を見て、ほっとした気持ちになる
到着するなりすぐに舞台の仕込み。──国際線の飛行機に預けられる荷物は一人二個まで。持って行ける小道具は全てみんなの荷物に手分けして詰め込んできた。ソファやテーブルなどの大きな道具は、既に現地調達で手配してある。ただひとつ、ローザが娼婦になる決意をする時に座る木箱──

ローザ「こんな女に誰がしたなんて、そんな哀れっぽいことを誰が言うもんですか。
　私は私の意志でパンパンになってやる……」

この木箱は結構大きいのだが、舞台監督の後藤恭徳（ごとうやすのり）さんが「これがなければローザが娼婦になれません」とこだわってくれ、丁寧にバラして梱包して飛行機に乗せ、会場に着くなり組み立ててくれていた。

セッティング、舞台稽古、マスコミの取材。慌ただしい三日間が終わり、本番を翌日に控えた夜、私はホテルの部屋で一人になった。時計は十二時を回っているが、眠れない。ホテルの前の交差点には夜中じゅうタクシーが行き交い、ひっきりなしにクラクションが鳴っている。

小さなソファに座り、窓の外を見つめてひとりつぶやく。

「杉山先生、元次郎さん、メリーさん、とうとう明日です。どうか見守っていてください……」

四月二十五日、公演初日。最後の通し稽古も終わり、開演時間を待つばかりになった。ジャパン・ソサエティーの関係者から、二六〇席は完売と聞いている。お客さまはほとんどがアメリカ人だろう。

怖い――何がそんなに怖いの？

言葉の壁――それもある。お客さまは私の口から出る言葉ではなく、字幕に書かれた英語でセリフを聴く。

文化の違い――五大路子という日本から来た女優が演じるひとり芝居が、この国で通用するの？

そんなことじゃない。肝心なのはローザのメッセージを届けること。

戦争に負けて娼婦になった女の物語が、勝った国の人の目にどう映るのだろうか？

責めていると思われるかもしれない。ブーイングが起きるかもしれない。席を立って帰ってしまわれたらどうしよう？

生まれて初めて感じる怖さだった。全身の震えが止まらなくなった。

開演十五分前。みんなに楽屋の外に出てもらって、部屋の中に一人きりになる。すでに老娼婦の衣装をまとった私は、部屋の灯りをすべて消して床に寝ころび、闇の中で天井を見上げた。底の見えない深い深い井戸のようだ。助けて！　と叫びたくなる……。

「五大さん！」声がかかった。私は立ち上がり――闇に飛び込んでいった。


【語り】

一九四五年八月十五日の正午、中学生だった僕は、勤労動員先の農家の庭で天皇陛下の玉音放送を聴いた。雑音がひどくて何のことやら分からぬままに、放送が終わるとそのまま松根油（しょうこんゆ）掘りの作業場を脱出、悪友と二人で家に逃げ帰る途中だった。田園の中の長い白い道を日傘を差した着物姿の若い女性が一人とぼとぼとやって来る。外出時はモンペをはくのが当時の常識なのに着流しに素足の下駄が少年の目にも異様に映った。すれ違いざま、女性は僕らを振り返って、『あんた達、放送聴いた？　日本なくなるのよ』『違うよ、おばさん、あれはソ連に対する宣戦布告だよ』と僕が切り返すと、女性は軍国少年二人を哀れむように『日本がなくなる、日本がなくなる』と、つぶやきながら去っていった。あのモノクロームの一枚写真のような映像が、いまだに僕の脳裏に焼きついていて離れない。あの女性はそれからどうしたのだろう……。

ニューヨークバージョンのローザは、杉山先生が体験した終戦の情景で始まった。朗読が途切れると、大音量のチェロとパーカッションの演奏が始まる。映像が映し出されたパネルはスムーズに小気味よく転換される。

どんなに緊張していても、舞台に上がればそこは私の場所。感覚を研ぎ澄ます。感情を解き放つ。冷静な観察者としての私は、日本から応援に来てくれた仲間たちが客席に座っているのを見つけた。少しほっとする。字幕を読みながら観ているお客さまの笑い声、歓声、ため息が聞こえる。日本と変わらないお客さまの反応。照明の光が温かく感じられて、いつもの赤レンガ倉庫にいるような気がしてきた。

足元に何かがぶつかってハッとした。舞台の前に置いてあるフットライトだ。赤レンガ倉庫なら張り出し部分があるのだが、ここではそれ以上先に進むと舞台から落ちるところだった。

突然、あちこちからすすり泣く声が聞こえてきた。ローザが防空壕の中で男たちに襲われる場面だった。客席はローザの哀しみでいっぱいになっていた。――ローザはアメリカの人たちの目にどう映るだろうか？　そんな心配は不要だった。戦争に勝った国も負けた国もない。残酷な時代を生き抜こうとするローザのメッセージは誰の心にも届いた！

暖かい拍手に包まれて、一日目の舞台は幕を降ろした。

❖十五歳の少女からの宿題

興奮が冷めやらぬ中、直後に行われたレセプションパーティーの会場へ行くと、集まった人たちからまた大きな拍手が沸き起こった。パーティーにはマスコミ、ソサエティーの関係者、観に来られたお客様、どなたでも参加できて、口々に「素晴らしかった」と握手を求めてくださった。

ヒスパニック系と思われる黒い髪の少女が近づいて来て、恥ずかしそうに小さな声で言った。

「今日、ローザは私のヒーローになりました。だって、彼女はどんな困難にも負けずに何度も立ち上がって生きようとしたから」

年齢を訊くと十五歳だった。少女の隣にいた母親らしい人が言った。

「いつでもどこの国でも女は虐げられて、迫害や暴力の対象になってきたんですね」

日本ではローザが娼婦だという理由から、未成年者に観せるのはいかがなものか、という声があった。娼婦、パンパンという言葉を聞いただけで顔をそむける人がいる。十代の若者に『横浜ローザ』を観せることを、私の中にもどこかで躊躇する気持ちがあった。だがローザが伝えたいことは戦争という悲劇と命の尊さ、どんな苦難に遭っても生き抜くことの大切さなのだ。これからは若者たちにもこの芝居を堂々と観てもらおう。

私は十五歳の少女から大きな宿題を出された気がした。

二日目の会場は早々に満席。今日のお客さまは、ほぼ全員アメリカ人。だけど私はもう怖くなかった。誰にでも、どこの国の人にも、ローザのメッセージは伝わるということが分かったから。

ちょうど翌日から国連本部で核兵器不拡散条約の会議が開かれることになっていて、核廃絶を願う人々が国連ビルの周りで大規模なデモ行進を行っていた。

『この地球上から核を永久に廃絶すること、二度と戦争の悲劇を繰り返さないこと』

――そのシュプレヒコールが会場を取り巻いていた。

ラストシーン。一本の赤いバラを手にしたローザは、腰をかがめて「心」と書かれた文字へ続く光の道を進んで行く。その十メートルほどの距離がなぜかとても遠く感じた。それはここへたどりつくまでの二十年の道程のように思えた。一歩、また一歩と足を踏み出すたびに、たくさんの人の顔が目に浮かんだ。

――ありがとう。杉山先生、元次郎さん、メリーさん。ローザを応援してくれる仲間たち。ありがとう――

気がつくと背中越しに、「ブラボー、ブラボー」の嵐。観客は全員総立ち。これまで経験したこともないスタンディングオベーションだった。カーテンコールに出た私は、その光景に涙が止まらなかった。

終演後、国連の日本代表の方が楽屋にいらして「こういう芝居をぜひ国連でもやってほしい！」と強く手を握ってくださった。

翌朝には、辛口の批評で有名なニューヨーク・タイムズに『横浜ローザ』の記事が掲載された。

『居場所をなくした彼女にこの芝居が今、居場所を与えた』

大きな見出しと三枚のカラー写真入りだ。驚いて、グランド・セントラル駅のキオスクまで行って二十部買ってきてもらった。私たちより一足早く日本へ帰国するスタッフたちが、スーツケースがあふれたホテルのロビーでその紙面を見て歓声を上げげた。握手を交わし、抱き合って喜んだ。

スタッフを見送った後、残ったメンバーでブルックリンへ行くことにした。天気は快晴。船でイーストリバーを渡る。朝早いこともあって、デッキの上には数人の観光客しかいない。軽やかなエンジンの音とともに船体が次第に岸から離れてゆく。イーストリバーの春風は柔らかくて優しかった。その風を身体いっぱいに吸い込んだとき、私はようやく杉山先生との約束を果たせたことを実感した。

「あぁ、ローザは海を越えたんだ。夢ひとつをパスポートにして、こんなに遠くまでやって来たんだ」

そして私はこのニューヨークで、十五歳の少女から宿題を貰った。

――日本に戻ったら十代の若者に『横浜ローザ』を観てもらおう。そのためには何から始めればいいのだろう？

両手を上げて伸びをすると、摩天楼のむこうに真っ青な空が見えた。

西暦	月	劇場名
	11月	横浜16区リレー公演　緑公会堂
		鶴見公会堂
		瀬谷公会堂
		保土ヶ谷公会堂
		テアトルフォンテ（泉区）
		南公会堂
		開港記念会館（中区）
		磯子公会堂
	12月	青葉公会堂
		港南公会堂
		神奈川公会堂
		都筑公会堂
		サンハート（旭区）
		戸塚公会堂
2003年	8月	横浜赤レンガ倉庫　1号館ホール（横浜）
2004年	8月	横浜赤レンガ倉庫　1号館ホール（横浜）
2005年	8月	横浜赤レンガ倉庫　1号館ホール（横浜）
2006年	8月	横浜赤レンガ倉庫　1号館ホール（横浜）
2007年	8月	横浜赤レンガ倉庫　1号館ホール（横浜）
	9月	伝国の杜置賜文化ホール（米沢市）
2008年	8月	横浜赤レンガ倉庫　1号館ホール（横浜）
2009年	8月	横浜赤レンガ倉庫　1号館ホール（横浜）
2010年	8月	横浜赤レンガ倉庫　1号館ホール（横浜）
2011年	8月	横浜赤レンガ倉庫　1号館ホール（横浜）
2012年	8月	横浜赤レンガ倉庫　1号館ホール（横浜）
2013年	8月	横浜赤レンガ倉庫　1号館ホール（横浜）
2014年	8月	横浜赤レンガ倉庫　1号館ホール（横浜）
2015年	4月	ジャパン・ソサエティー　リラ・アチソン・ウォレス講堂（ニューヨーク）
2015年	8月	横浜赤レンガ倉庫　1号館ホール（横浜）
2016年	8月	横浜赤レンガ倉庫　1号館ホール（横浜）
2017年	5月	横浜赤レンガ倉庫　1号館ホール（横浜）
2018年	8月	横浜赤レンガ倉庫　1号館ホール（横浜）
2019年	8月	横浜赤レンガ倉庫　1号館ホール（横浜）

【横浜ローザ公演年表】

1996 年の初演から 2019 年までの 24 年間で、
観客動員数は延べ 62,000 人を超える。

西暦	月	劇場名
1996 年	4 月	三越劇場（東京）
		府中の森芸術劇場（東京）
		三珠町ふるさとホール（山梨）
	5 月	能代市文化会館（秋田）
		新発田市民文化会館（新潟）
		生田神社　野外ステージ（神戸）
		梅田芸術劇場　シアター・ドラマシティ（大阪）
	8 月	関内ホール（横浜）
	10 月	大垣市スイトピアホール（岐阜）
		東北電力ホール（仙台）
		富士市文化会館ロゼシアター（静岡）
	12 月	上山市体育文化センター（山形）
1997 年	6 月	俳優座劇場（東京）
		森町文化会館ミキホール（静岡）
		塩竈市遊ホール（宮城）
		新潟市民プラザ（新潟）
		ホテルイタリア軒ホール（新潟）
		北野文芸座（長野）
		阿賀町文化福祉会館（新潟）
	10 月	南公会堂（横浜）
	11 月	関内ホール（横浜）
		伊勢市観光文化会館（三重）
		豊栄総合体育館（新潟）
1998 年	10 月	玉村町文化センター　にしきのホール（群馬）
		横浜いのちの電話主催　関内ホール（横浜）
	11 月	港北芸術祭　港北公会堂（横浜）
1999 年	3 月	横浜アート LIVE　横浜市教育会館（横浜）
	11 月	金沢公会堂（横浜）
2000 年	11 月	馬車道まつり　関内ホール（横浜）
2001 年	11 月	アートピア　港北公会堂（横浜）
		横浜 16 区リレー公演　港北公会堂
		栄公会堂

【夢座以外の横浜での公演年表】

西暦	公演名	作	演出
2004	横浜にぎわい座　長谷川伸生誕120年記念「長谷川伸の心の女たち」	遠藤吉博	畑圭之助
	かながわドームシアター 群読「MASAKO」－北条政子－	瀬戸口郁	西川信廣
2005	Arts Fusion 2005 in KANAGAWA かながわ詠み芝居「エゲリア　生々流転　岡本かの子」	瀬戸口郁	西川信廣
2006	横浜にぎわい座「ある剣劇女優の物語」	瀬戸口郁	西川信廣
2007	横浜にぎわい座「猫、あるいは夢の女」	嶽本あゆ美	福田義之(原案)
	tvk開局35周年記念「LETTERS　－奇跡の歌姫　渡辺はま子－」	山崎洋子	遠藤吉博
2008	五大路子詠み芝居「赤い靴の少女　母かよの物語」〈2009年にも再演〉	高橋　圭	畑圭之助
	Arts Fusion 2007 in KANAGAWA かながわ詠み芝居 「エゲリア　生々流転　岡本かの子」「走る女　国木田独歩の妻　佐々城信子」	瀬戸口郁	西川信廣
	ベーリックホール「真昼の夕焼け」〈2009年にも再演〉	筧　槇二	横浜夢座
2009	横浜開港150周年記念「エンドレス・ドリーム　ヨコハマの夜明け」	高橋亜子	遠藤吉博
2010	朗読と音楽で綴る開港「富貴楼お倉の物語～かつて横浜に龍馬みたいな女がいた～」	高橋亜子	遠藤吉博
2012	港北芸術祭　読み芝居「まぼろしの篠原城」	畑圭之助	畑圭之助
	野口雨情生誕130年記念　唄と語りで綴る「雨情の心への旅」	畑圭之助	畑圭之助
2013	五大路子詠み芝居「重忠と菊の前～二俣川に散った畠山重忠と妻の物語～」〈2014年、2015年、2017年にも再演〉	畑圭之助	畑圭之助
2014	KAAT×五大路子「ニッポニア　ニッポン－横浜・長谷川伸・瞼の母－」	齋藤雅文	松本　修
	五大路子読み芝居「ふたりが願いしこと－長谷川伸の母・コウの物語－」	畑圭之助	畑圭之助
2017	港北芸術祭25周年記念「まぼろしの篠原城」～語りの楽劇～	畑圭之助	畑圭之助
2018	五大路子読み芝居「スカートをひるがえして」	あべゆかり	松井工

【横浜夢座公演年表】

西暦	公演名	作	演出
1999	第1回公演「横濱行進曲」	杉山義法	杉山義法 和田喜夫
2001	第2回公演「奇跡の歌姫　渡辺はま子」	山崎洋子	遠藤吉博
2002	第3回公演「横浜萬国劇場 KAIHORO!」	山崎洋子	遠藤吉博
2003	地方公演「奇跡の歌姫　渡辺はま子」	山崎洋子	遠藤吉博
	横浜夢座フォーラム 2003「我が街から演劇を！」	五大路子	大西一郎
2004	第4回公演「憂いも辛いも、いろはにほへと—長谷川伸八景—」	福田卓郎	遠藤吉博
2005	第5回公演「沢村春花一座奮闘記～星月夜・ハマ野乃春花～」	篠原久美子	遠藤吉博
2006	横浜夢座フォーラム 2006「横浜発の芝居って？」	五大路子	横浜夢座
	朗読劇「白い顔の伝説を求めて」	五大路子	畑圭之助
2007	第6回公演「ヨコハマキネマホテル」	福田卓郎	遠藤吉博
2008	第7回公演「山本周五郎の妻」	小松與志子	遠藤吉博
2009	第8回公演「憂いも辛いも、いろはにほへと」（再演）	福田卓郎	遠藤吉博
2010	第9回公演「ジャンジャン花月園」	中島淳彦	遠藤吉博
2011	第9回公演「ジャンジャン花月園」（再演）	中島淳彦	遠藤吉博
2012	第10回公演「野毛　武蔵屋～三杯屋の奇跡～」	小松與志子	遠藤吉博
2013	第11回公演「俣野町700番地夢の国～ドリームランドへの手紙～」	大西一郎	大西一郎
2015	第12回公演「奇跡の歌姫　渡辺はま子」（再演）	山崎洋子	遠藤吉博
2016	横浜夢座フォーラム 2016 「横浜夢座のつくり方」	大西一郎	大西一郎
2017	第13回公演「風の吹く街～野毛坂ダウンタウン・ストーリー～」	嶽本あゆ美	嶽本あゆ美
2018	第14回公演「赤い靴の少女　母かよの物語」	畑圭之助	（脚色・演出） 福島三郎
2016～2020	朗読劇「真昼の夕焼け」	筧　槇二	高橋和久
2021（予定）	第15回公演「歌ってよ、ムーンライト」	山谷典子	高橋正徳

◆ニューヨーク公演ご協賛社（五十音順）
株式会社アイネット
株式会社 Ain
株式会社イシカワ
上野トランステック株式会社
株式会社江戸清
株式会社大川印刷
オセアンケアワーク株式会社
オセアン大洋ホールディングス株式会社
オセアンリフォーム株式会社
神奈川トヨタ自動車株式会社
川本工業株式会社
株式会社崎陽軒
キリンビールマーケティング株式会社横浜支社
J:COM
總持寺
株式会社新横浜ラーメン博物館
大洋建設株式会社
株式会社高尚
日産自動車株式会社
日本発条株式会社
株式会社ハマ住センター
ヒノキ新薬株式会社
扶桑電機株式会社
株式会社ポンパドウル
三菱地所株式会社　横浜支店
株式会社三好商会
株式会社メモワール
横浜エレベータ株式会社
株式会社横浜スカイビル
株式会社吉永商店
株式会社ローズホテルズ・インターナショナル

◆横浜夢座倶楽部 2015 年世話人
上野孝　渋谷慎一郎　野並直文
川本守彦　上野健彦
勝治雄　千葉太　岩岡洋志
藤本省三　佐藤充
（事務局）猪股篤雄　吉富真里

◆横浜夢座プロジェクト
名誉委員長……………西丸與一
委員長…………………六川勝仁
副委員長………………鴇田要一
西田由紀子
委員…………池田典義　石河陽一郎
梅野匡俊　大川哲郎
大西一郎　小畑哲哉
國分孝夫　齋藤美枝
戸田真人　平坂公太
平野正裕　吉富真里
（五十音順）
監事……………………三浦修

◆「ニューヨーク・タイムズ」(2015.4.27 付)
レビュー記事の見出し
A Stooped Old Woman Is Given a Story and Some Dignity
（腰の曲がった老婆に物語と尊厳を与えた）

レビュー記事の締めくくりの一文
Through Ms.Godai's efforts,a city that once dismissed and denied this woman has now given her a home.
（五大さんの努力によって、この女性はかつては拒絶され見放されたこの街に、居場所を得ることが出来た。）
（訳：吉富真里）

【横浜ローザ ニューヨーク公演】

2015年4月25日19：30 ／26日14：30
ジャパン・ソサエティー リラ・アチソン・ウォレス講堂

◆Cast

主演……………………………五大路子

フルート…………………………杉山葉子
チェロ……………………………坂本弘道
パーカッション…………………栗木 健

◆Staff

作…………………………………杉山義法
演出………………………………大西一郎
舞台監督…………………………後藤恭徳
照明………………………………千原悦子
　大野薫里
音響………………………………岩野直人
映像………………………………濱島将裕
演出助手…………………………依田朋子
演出部……………………………北林勇人
　由愛典子
　伊藤はるか
字幕………………………………後藤ヒロミ
記録………………………………小林富夫
現地サポート……………………岩下知子
制作………………………………伊藤 斉
プロデューサー…………………五大路子
Co-プロデューサー………吉富真里
美術………………………………川口直次
照明プランナー…………………高山晴彦
衣装………………………………清水崇子
　（松竹衣裳）
　早園マキ
　（ROUROU）
床山………………………………川口邦弘
　高橋加奈子
　（奥松かつら）
歌唱指導…………………………中村華子
題字………………………………末廣博子
製作協力…………………………高嶋惠子
カード制作………………………西川和子
現地撮影…………………Michel Delsol
　篠崎はるく
撮影協力 J:COM………加藤丈博
　高橋武洋
　カメラ………朝妻 洋
制作会社………株式会社オフサイド

◆Japan Society Staff

Motoatsu Sakurai
Yoko Shioya
Futoshi Miyai
Lara Mones
Eishin Yoshida
Asako Sugiyama

◆Special Thanks（順不同 敬称略）

神奈川県 横浜市 ニューヨーク日本商工会議所 横浜赤レンガ倉庫1号館 横浜夢座プロジェクト 横浜夢座倶楽部 MITSUBISHI ESTATE NEW YORK INC. NHKインターナショナル株式会社 横浜夢座事務局フレンズクラブ 並木裕之 六川勝仁 森本義 元次郎
徳光和夫 由紀さおり 竹下景子
藤村志保 北原照久 金子修介
山折哲雄 日野美歌

◆ニューヨーク応援参加者

牧内良平御夫妻 高木克昌
美松洋子 松崎恭子 桜田照子
鴇田要一御夫妻 長沼京子
朝倉米子御夫妻 高橋伸昌御夫妻
大川哲郎 杉山道子 大熊佐奈
西川加津枝 藤巻弘枝 宮本裕子
岡安康子 岡安由桂

ジャパン・ソサエティーのロビーにメリーさんの写真を展示した
Photo by Michel Delsol

【第三章】マリンブルーの街で ローザは変わり続ける

撮影／森日出夫

淡島千景さんからの手紙

ずいぶん前になるが、淡島千景さんが赤レンガ倉庫に『横浜ローザ』を観に来てくださり、そのあとでお手紙をいただいた。

「女優は一生かかっても自分の役と出会うことは少ない。あなたはそれを見つけた。大切に心で演じ続けなさい」

宝塚のトップ娘役から銀幕のスターとなり、テレビでも活躍された淡島さんは、常に新しいものに挑戦され、晩年は小劇場の小さな舞台にも立たれた。そのお姿が今も忘れられない。

藤村志保さんからの電話

敬愛する藤村志保さんからは、公演のたびに励ましのお電話をいただく。志保さんには若い頃、女優として女性として、個人的な相談に乗っていただいたこともある。「私の娘時分のものよ。あなたに似合うと思うわ」と着物をくださったり、本当に可愛がっていただいた。地唄舞の名手・武原はんさんのお弟子さんで、静かな動きの奥に炎が燃えているような舞を見せてくださる。

「路子さん、あなたは、あなたにしか出来ない芝居を作り上げたのね。その宝物を大切にしなさいね」

大先輩からいただいた言葉は、女優の道を進む私の羅針盤だ。

今年もローザに会いに来る

『横浜ローザ』は不思議な舞台だと思う。再演を繰り返すローザを毎年観に来てくださるお客さまがいる。ローザを観に来る、とは言わずに、ローザに会いに来る、という言い方をされる。「今年もまたローザに会いに来ました」とたくさんの方が赤レンガ倉庫に足を運んでくださる。

ある時、ひとりの男性が私に教えてくれた。

「客席に背筋のしゃんとした高齢の女性がおられて、舞台の終盤、紙袋を提げ背を丸めて舞台を歩くローザに『ローザ!』と大きな声を掛けられました。あの細い身体にどんなエネルギーがあって、あんな大きな掛け声が出るのかとびっくりしました」

――三浦さんだ！　私にはすぐ分かった。

ドキュメンタリー『港の女・横浜ローザ―失われた時を求めて』でインタビューさせていただいて以来、三浦さんはずっと私の舞台を観に来てくれている。メリーさんと同じ時代、同じ場所で生きていた三浦さんの「ローザ！」の声は、令和を生きる私達への昭和からの掛け声だと感じる。

昭和三年生まれの彼女は終戦の時、十七歳――

「私らは男も女も、戦争に青春をちょん切られたんです」

彼女の前で演じる時、私はいつにも増して緊張する。いつも同じ問いを自分の中でくりかえす。

――このままローザを演じていていいですか？――

「五大さんの思うがままに演ればいいの。でもそうね、今年のローザはね……」

彼女の一言は私に勇気を与えてくれる。

「辛い時はワルツよ。ワルツのメロディーを口ずさむの。そう、そうやってどんな時も乗り越えてきた。代用教員の頃は学校のピアノをひとり残って弾いて、楽しかったわ」

そう言って少女のようにピアノを弾く手振りをされた。

ローザは答えを出さない。「私の生き方はあなたにはどう見える？」と問いかけるだけだ。

舞台には懸命に生きようとしている一人の女性がいて、観ているお客さまは皆、ローザにエールを送りながら自分を励ましているのかもしれない。私自身もローザを演じながら生きる力を貰っている。ローザは私たちを照らす太陽でもあり、私たちの輝きを映す月なのかもしれない。

舞台の上の変わらないものたち

『横浜ローザ』の冒頭シーン。

舞台はローザが寝起きしている雑居ビルのエレベーターホール。

ローザ「私の名前？　ほんとの名前なんて忘れちゃった、人は勝手にいろんな名前

で呼んでるけど……ハマのメリーだのマリーだの……メリケン・リルだの
ローザだの。でも私はローザが一番気に入ってるの……」

冷たい床にピクニックシートを広げて深夜の孤独なコーヒータイムを始める。

♪ I was dancin' with my darlin'
To the Tennessee Waltz……

テネシーワルツを口ずさみながら紙袋から出した品物を順番にならべてゆく。瓶に挿した赤いバラ、インスタントコーヒーとポットとコーヒーカップ、耳の長い目がクリっとしたヒツジの人形、オルゴールと家族の写真。写真立てのほこりを肩に掛けたストールで拭いながら、ローザは語り始める。

ローザ「私だって元を正せば広島の小学校長の娘ですよ。厳格な父でしたよ。毎朝起きると教育勅語や歴代天皇のお名前を暗唱させせられて、間違えるとご飯食べさせて貰えないんですから。今だってスラスラ言えるわよ」

三つの写真立てに入っているのは私の父・岩岡稔の写真。戦争に召集された時の丸坊主にたすきをかけた写真と、軍隊に入隊した時の少し強張った顔の父。そしてもう一枚は、背広を着て家族のために懸命に働いていた五十代、昭和四十六年の写真。ローザが父親の写真を大切に持っていたように、私も父の写真を見ると、ふっと安心することができる。亡くなった父が私を見守り、手を差し伸べてくれている気がする。

蓋を開けると「♪赤い靴はいてた女の子……」の曲が流れるオルゴールは、母が東北の温泉に行った時、お土産に買ってきてくれたもの。母の名前は静江で今年九十四歳。終戦を二十歳で迎え、青春時代は砲弾の中だった。オルゴールの音を聞くとホッとすると言い「これ、路子の好きな曲でしょ?」と言って手渡してくれた。

花瓶は杉山先生が家から持ってきてくださったシャンパンの空き瓶。海の色のようなきれいな深い青色のガラス瓶。歌いながらバラを挿し、花の匂いを嗅ぐ。バラの香りが舞台全体に広がっていくようで、深呼吸して芝居をすることができる。

ピクニックシートを広げてお茶を飲むというのは、杉山先生との稽古の中で私が提案したものだった。十九才の頃『戦場のピクニック』（作・アラバール）という舞台を観て、戦争の最中なのに野原で兵士がティータイムを始めるというシーンが強く印象に残っていて、お芝居の中で使えないだろうかと相談した。真夜中に一人でお茶を飲むローザの孤独な時間にしようと、杉山先生が脚本に書き込んでくれた。

コーヒーとミルクは私が家で飲んでいたインスタントの空瓶。じゃあ、お湯はどうしようか？　となった時、舞台監督が「家にピクニックポットがあるから」と持ってきてくれた。赤い可愛い絵のついたポットを稽古で使い、そのまま舞台でも使うことになった。

ヒツジの人形は私がＮＨＫ朝の連続テレビ小説『いちばん星』に出演した時からの宝物。初のテレビ主演となり、極度の緊張の中での収録は不安だらけ。二十四才の私はこの人形を、メイクの入ったカゴにそっとしのばせていた。出番の前の不安な心を落ち着かせてくれていた大切な私の相棒。

ローザの後ろ、舞台の上にはミュシャの女神のような絵と、書家の末廣博子さんの『心』という書が掛けてある。女神の絵はメリーさんが立っていたＧＭビルの螺旋階段のステンドグラスをモデルに美術家の川口直次（かわぐちなおじ）さんが作ってくださったもの。

緑色の公衆電話も変わっていない。本物そっくりだが、これも小道具さんが作ってくれた精巧な模造品。その横に置いてある籐のいすは、背もたれ部分の中の鉄芯が見えるほど長く使っている。

舞台の上の小道具のほとんどは、初演からローザの時間と空間を作ってくれてきたものだ。二十四年間変わらずに舞台で待っていてくれる物たちに囲まれて、私は毎年違うローザを探し求める。変わらない物たちに支えられてローザは自由に変化してゆく。毎回毎年、その時々の演出家と話し合って、その都度、新しいローザが生まれ出た。それはローザの命の灯を点してくださった脚本家の杉山義法先生、杉山先生のあとを継いでその灯を消さないように守り育ててくれた遠藤吉博さん・畑圭之助さん、ニューヨーク公演のために新しい命を吹き込んでくれた大西一郎さん、もう一度生まれ変わって語りかけるローザを演出してくださった西川信廣さん。五人の演出家との出会いがあったからだと思う。

照明プランナー・高山晴彦さんからのメール

杉山先生の頃からずっと『横浜ローザ』の照明を作ってくださっている高山さんに、五人の演出家と仕事をされてきた感想を訊ねると、丁寧なお返事をいただいた。


私は「横浜ローザ」とは、赤レンガホール初演二〇〇三年からのお付き合いです。

杉山義法さんは脚本・演出でしたので、おそらく義法さんの中で明確な絵があったと思います。しかし義法さんからは、「高山君の思うようにたっぷり時間をかけて作ってください」と言われました。

照明デザインは、なるべく義法さんの脚本から受けるイメージを大切に作りました。特に、義法さんの演出による空気や温度、五大さんが演じる空気や温度を照明として表現出来るように、また壊さないように気をつけました。

大胆な照明演出も数カ所ありますが、基本はさりげなくローザに寄り添う照明でありたいと思いデザインしました。五大さんの動きや感情に寄り添うように、「マニュアルオペレート」*を多用しております。

その後、義法さんが急逝されて遠藤さん、畑さん、大西さん、西川さんと演出家が変わられましたが、どの方も義法さんが作り上げた脚本をリスペクトされているので、いずれの方とも気持ちよく全力でお付き合いすることが出来ております。シェークスピアや近松門左衛門のように、義法さんの脚本が様々な演劇スタイルで後世に残っていって欲しいと思っております。そして五大さんをはじめ、五大さんを取り巻くスタッフやお客様が「横浜ローザ」を大切にしているように……私も微力ながら全力を尽くそうと思っております。

＊「マニュアルオペレート」照明の変化をタイムで制御せず、役者の感情や動きに合わせて手動で変える方法。

ローザの命はたくさんの人に支えられている。――しかし、生命の誕生には苦しみがつきまとう。

ローザを変えるもの

最初の十年はメリーさんに近づこうとした。メリーさんの足跡を追い、取材をし、メリーさんの辛さや苦しみを知ろうとした。「真夜中にどんな孤独がやってくるのだろう」とか、「死ぬという事をどんな風に思ったのだろう」とか。午前三時の稽古場でひとり想いを巡らせたりした。自分の身体を叩いてみたり、暗闇の中に身を置いてみたりもした。メリーさんになりきろうとした。でも、それは無理。私は私で、彼女は彼女。私にはメリーさんの辛さや重さは到底わかることができない。――だったら私はいったいどうやって演じればいいの？　長い苦しみが続いた。

十年が過ぎた頃、メリーさんになろうとする必要はないと気が付いた。舞台に立っていて、お客さまはメリーさんではなくローザを観ていると感じ始めた。お客さまがローザの語りに耳を傾け、一緒に泣いたり笑ったりしているのを見て、新しいローザが息づいていると感じた。

その時から『横浜ローザ』は、私がその時々を生きて体験してゆく様々な出来事で少しずつ変わっていくようになった。ローザを変化させた――その最大のものはやはり、あの東日本大震災である。

3・11　東日本大震災

二〇一一年三月十一日。その日は鶴見サルビアホールの柿落し（こけらおとし）公演『ジャンジャン花月園』（作・中島淳彦（なかじまあつひこ））の舞台稽古の最中であった。大正十二年の関東大震災から立ち上がる遊園地の物語。横浜夢座第九回公演の再演である。

突然、大きな衝撃が舞台を走った。かつて経験した事のない揺れ。吊り道具の遊具、象の乗り物や観覧車が右に左に大きく揺れている。最初は演出かと思った。誰かが「地震だぁ！　みんな早く舞台から降りてこい！」と素っ頓狂な声をあげた。何が何やら分からぬまま客席に走り降り、皆で震えながらかたまった。揺れは収まらず、足元が大きく右に左に揺れる。

「ロビーに出て柱につかまれ！」その声で全員ロビーに走り出て、大きな柱にしがみついた。

「いつになったら揺れが止まるんだ！」

「大丈夫、落ち着いて。みんな大丈夫……」そう答えた私も、足が小刻みに震えていた。

ようやく揺れが収まり、劇場の事務所に行ってみると、

「大変だ。大地震だ。東北がとんでもない事になっている」

劇場の関係者が青ざめた顔で言った。

ロビーの大きなガラス窓から下を見ると、鶴見駅の手前で電車が止まっている。ホームでもないのに人がどんどん電車から降りて、駅前はあっというまに人でいっぱいになった。

「……とりあえずコンビニで飲み物でも買ってきます」出て行ったスタッフがすぐに戻ってきて「ダメです。コンビニの棚は空っぽです。停電で店の中も真っ暗です」

そのあいだも余震は続いていた。頭の上に照明がたくさん下がっている舞台で稽古を続けるわけにもいかない。いや、そんな悠長なことを言っている場合ではないことは、事務所のテレビを見せてもらった時に分かった。

ニュースは時々刻々と東北沿岸の惨状を伝えていた。黒い巨大な波が小さな町をあっという間に飲み込んでゆく。見覚えのある街並みが映り、私は思わず息をのんで目を凝らした。宮古や釜石には地方公演で訪れたことがあった。そこには高校時代からの恩師、

児玉信弘先生の柔道部の後輩、両川敏行さんたちがいらして、私たちを浄土ヶ浜に連れていってくださった。白い流紋岩で出来た美しい海岸。それ以来、手紙のやり取りをして親交を深めていた。両川さんたちは大丈夫だろうか？　私は居ても立ってもいられなくなり、次々に携帯電話の番号を押した。だが、誰とも電話はつながらなかった。

西の總持寺の方向に夕陽が落ちてゆくのが見えた。停電のせいで町はどんどん暗闇に沈んでいく。ホールも暖房が切れ寒くなっていく。家に帰れなくなった人たちが入ってきてロビーが混みだしたので、私たちは楽屋に移動した。なんとその時、注文してあったスタッフ用のお弁当が届き、全員感謝していただいた。

公演がどうなるか分からないが、舞台監督や照明・音響のスタッフさんたちはその日は劇場の床で寝ると言い、ありあわせの布や幕を身体に巻き付けたり、新聞紙を床に敷いたりして夜を過ごし、翌日の本番に備えてくれた。音響や照明の機械はちゃんと作動するか、舞台装置のネジが緩んでいないか、舞台が無事に開けられるようにすべて確認してくれたそうだ。

家が近い私はいったん帰って、急いでご飯を炊いておにぎりを握り、大渋滞する道路を車でまたホールに戻った。

一夜明け、公演は予定通り行われることになった。大きな余震が何度も起きた。こんな時に芝居をしていいのだろうか？　お客さまは来てくださるだろうか？　ただただ不安だった。それでも幕が開くと大勢のお客さまの顔が見え、私はほっと息をついた。夢座の芝居になった「野毛武蔵屋」の木村喜久代さんも、ご高齢なのに来てくださっていた。劇場内には急遽、被災者への義援金を募る募金箱を設置し、被害にあった人たちに少しでも希望を届けようと、お客さま一人一人に折り紙で鶴を折ってもらった。劇場に足を運んでくれた方たちの温かな気持ちに、私は胸が詰まった。

鶴見での公演はこうしてなんとか無事に幕を降ろした。近くの川崎のホールでは天井が落下し、東京の会館では、けが人や亡くなられた方もあった。

大震災から三ヶ月後の六月、私は義援金と千羽鶴を届けるために岩手県釜石市へ向かった。新花巻から釜石線に乗り継いで釜石駅に着く間にも小さな余震が続いていた。駅のホームに両川さんがひとりポツンと立っていた。あんなに陽気な人だったのに、目の前の彼の顔はまるで能面のように無表情になっていた。その悲嘆にくれた様子から私はすぐに、自分が考えていた以上に深刻な状況であることを悟った。

「これを見てください……何もなくなってしまいました」

駅前に出て促されるように周囲を見渡すと、驚くべき光景が広がっていた。街の賑わい、さりげない日常生活までもが消し去られてしまっていた。目の前にあるのは瓦礫の山――

「見てもらいたい場所がまだあるんですよ」

呆然としている私を乗せた両川さんの車は海の方へ走りだした。海岸線の遥か手前、むき出しの地面の上に大きな漁船が横倒しに転がっていた。

「こんなところまで津波が押し寄せたんですか？」

何台かの大型トラックが、海からだいぶ距離のある場所でおもちゃのように仰向けにひっくり返っている。

「すみません。ここで止めてもらってもいいですか……」

私は震えが止まらない手を自分で押さえながら車のドアを開け、恐る恐る一歩足を踏み出した。

日の光はまぶしいほど輝いているのに、海風は優しく吹いているのに……。たくさんの平和な家庭が失われ、多くの命が消えた。

生かされている私に何が出来るのだろうか？　杉山先生がよく言われていた言葉が思い出された。

――自分が今できることを精一杯やるんだよ――

地面がまた少し揺れた。

両川さんが案内してくれたケアホーム「なでしこ」では、十八人のお年寄りが私の到着を待っていてくださった。持ってきた千羽鶴を渡し一緒に童謡を歌い始めると、どの方の顔にも少しだけど優しい笑顔が戻ってきた。大切な身内の方を亡くされたり、長年住み慣れた家を流されてしまった方もいた。その事実を飲み込めない方もいらした。帰り際、一人一人、私に近づき握手してくださった。その手の思いがけなく強い力に、また涙がこぼれそうになった。

ひとりで歩き出したローザ

二〇一三年八月十五日。赤レンガ倉庫でこの年の『横浜ローザ』の幕が開いた。不思議なことが起こったのは三日目の昼公演の時だ。

芝居が始まってまもなくのことだった。満員のお客様は息を凝らして舞台を見ている。舞台の上は私一人。それなのにローザの声がまるで他人の声のように私の耳に入って来たのだ。私の中で、もうひとりの私がローザの話を聞いていた。初演から何百回も発し続けたローザの一つ一つの言葉が、もう台本に書かれたセリフではなくなっていた。

あなた、どこにいるの？

ここよ、ここ。分かる？

芝居を続けているローザの後ろ、その少し斜め上の辺りから舞台を見下ろすように、もう一人の私がローザを見守っていた。ローザの声を聴いていた。

ローザが自分の足で歩き、語っていた。私はただローザに寄り添って、彼女の身に起こったことを聴いてやればいいのだ。ローザ自身が舞台の上で思いのままに話をして、つまずいても自分で立ち上がり生きてゆく。

水が流れるように芝居が進み、気が付くとラストシーンを迎えていた。白いドレス、真っ白に顔を塗り、黒い隈取のようなアイラインに真っ赤な口紅。手には紙袋と一輪のバラを持ち、会場の中を黙々と背をかがめ歩く。舞台上に書かれた「心」の文字。その先の光の中に一本の道が見える。

舞台裏にたどりつくとゆめちゃんとはるかちゃん（伊藤はるか）が駆け寄ってきた。

「うまく言えないけど……」「五大さんが……ローザでした！」

「ローザ！」「ローザ！」

鳴りやまない拍手の中を、私はもう一度舞台に向かって歩いた。

横浜ローザ二〇周年

ニューヨーク公演の翌年の二〇一六年は『横浜ローザ』二〇周年にあたり、八月十六日の公演終了後に記念コンサートを開いた。

二十年——目を閉じると浮かんでくるのはやはり、メリーさん、元次郎さん、杉山先生の顔だ。

そうだ！　メリーさんをモデルにした歌や、『横浜ローザ』に関わる歌を集めよう。オープニングはもちろん元次郎さんのシャンソン。音楽が大好きだった杉山先生の素敵な歌声も流そう。お嬢さんの葉子さんにはトークゲストとして来ていただこう。

そうだ！　元次郎さんの形見の紫の着物地のドレス。まだ袖を通したことのないこのドレスを舞台の正面に飾ろう。私の衣裳は二十四歳の時の思い出のロングドレスがいい。初めて歌を吹き込んだときの紺色のドレスだ

歌のゲストには素晴らしい方たちが集まってくださった。美山容子さん、テミヤンさん、日野美歌さん、山崎ハコさん、ダ・カーポのお二人。『横浜ローザ』を愛してくださる私の大切な友人たち。

舞台のスタッフさんも快く協力してくださった。

素敵な歌声が次々と会場を満たしてゆく。そしてゲストの方々の歌の最後に、太田恵資(おおたけいすけ)さんのバイオリンが静かな旋律を奏で始めた。

横浜ローザ20周年記念チャリティーコンサート 響け！ローザへの思い

2016年8月16日

◆プログラム

【出演者】

五大路子　朗読

神奈川県立公文書館所蔵文書『昭和32年度婦人相談綴　街娼』等の資料をもとに書き下ろした原稿

歌『朝日楼（朝日のあたる家）』

【ゲスト歌手】（出演順）

美山容子　『メリーヨコハマ』

テミヤン　『ハマのバラ』テミヤン作曲　五大路子作詞

『生きてゆくこと』

日野美歌　『知覧の桜』『氷雨』『夜霧のブルース』

山崎ハコ　『ヨコハマ』『横浜ホンキートンクブルース』

『昨夜の男』

ダ・カーポ　『よこはま詩集』『赤い靴のマリー』『横浜マリー』

元次郎（声）『街角のアヴェ・マリア』

杉山葉子　トークゲスト

太田惠資　バイオリン

杉山義法（声）

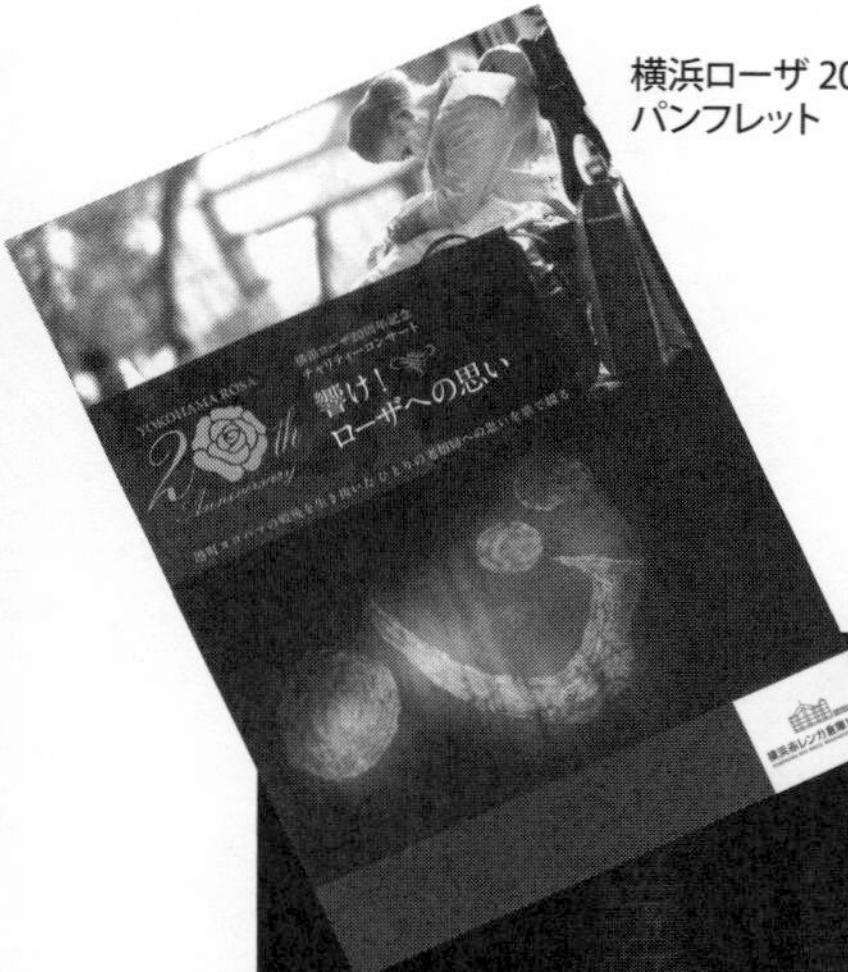

横浜ローザ 20 周年記念チャリティーコンサート
パンフレット

娼婦の記録を朗読。ソファには元次郎さんの着物地のドレス

――このコンサートの少し前、私は神奈川県立公文書館で、終戦後の娼婦たちの記録を閲覧していた。ごく普通の女性が敗戦の過酷な状況の中で娼婦になっていく、その声を聞き取った文書が書庫いっぱいに積み重なっていた。

一冊を手に取ってページをめくると、行間に埋もれた悲痛な声が、水が溢れだすように迫ってきた。忘れ去られた女性たちの叫び、つぶやき。名もない無数の女たちの声を、私は伝えたいと思った――

心の奥に眠る哀しさにそっと触れるようなバイオリンの音色。その響きを私はゆっくりと身体中に吸い込んで、公文書に残されていた女性たちの叫びを語り始めた。

❖（原資料）神奈川県立公文書館所蔵文書『昭和32年度　婦人相談綴　街娼』等❖

［一番］

13才の時に父母と死別し、満州新京に売春婦として売られた後、横浜へ。昭和30年自殺未遂。腰骨を骨折。歩行困難となる。

［二番］

18才より横須賀で売春婦になる。知り合った米軍の兵隊と仙台へ移動。オンリーとなる。結婚すべく許可の願いを出したが、横須賀で風紀条例違反検挙罰金があり許可にならず、昭和30年10月本牧に移住したが、翌年男が米国へ帰国。乳児があり働いたが、身体を壊し子供を施設に預け街に立つ。

［三番］

高卒後、駅出札係、女工、飲食店などで働いた。父は戦争から帰り病に臥し、生活困難のため昭和30年2月より街娼となる。ブロバリン40錠を飲み山下公園で昏睡していたのを保護される。

［四番］

終戦前は関東庁海務局で公務員。事務職。昭和20年12月、横浜に来てハウスメイドを9ヶ月してオンリーとなり、昭和24年相手の帰国を悲しみ鎌倉坂ノ下海岸で投身自殺をはかって果たせず、3月6日防空壕で凍えて倒れているのが発見された。

［五番］

女学校卒業後、丸の内の電話交換手。ハウスメイドをし、山下町にある店で外人船員と知り合いオンリーになる。夫が帰国後仕送りがなく、街娼になる。

［六番］

昭和23年離婚。長男、長女、次女、3人の子供。しかし正式な結婚ではなかった。昭和25年、米兵のオンリーとなる。米兵が帰国するまで同棲。男が帰国後金に困り街に立つ。立つ時は必ず焼酎3合。あるいは酒を5合飲む。胃と肝臓に中毒症を患う。

［七番］

小学校を2年で中退。実家は農家。21歳の時、友人に誘われて横浜に来た。桜木町で友人がちょっと待っててと言って、待っている間に街娼のボスが来て、南京町に行って私は外国人相手の街娼になった。長男は籍がない。昭和31年日雇労働をして生活していた。11月長男は人にやった。

（抜粋）

ひとり芝居　土佐源氏と横浜ローザ

ひとり芝居はその名のとおり一人で演じる芝居だ。主役も相手役も私の中にいて、私の思うままに話したり歩いたりしてくれる。

不良少女「ヘイ・ユーッて言いやがったら、いいかい、これだけは覚えておきな。

ワンタイム・ツーダラー、オッケー?」

ローザ　「ワン……タイム……ツー……ダラー……オーケー?」

不良少女「ダメ駄目、もっと威勢よく言わないとナメられるよ、いいかい？　こうだよ！　ワンタイム・ツーダラーッ、オッケー⁉」
ローザ「ワンタイム・ツーダラー、オッケー⁉」
不良少女「そうそう、その調子その調子。あとはレッツゴーでハバハバよ！」

だが、ニューヨークバージョンは今までと違った。坂本弘道（さかもとひろみち）さんのチェロと栗木健さんのパーカッションが生み出す音楽、行き交うパネルや映像が私の相手役として舞台の上にいる。うかうかしているとパネルにぶつかったり、台詞と音がかぶってしまったりする。相手の呼吸や間合いを読みながら合わせていく。やがて音や映像が私の中に入り込んで、すっかり私の一部分になる。

そうなるまでには時間がかかった。使ったことのない筋肉を鍛えるような稽古を重ねて、私の中にまた新しいローザが生まれた。

ニューヨークから戻ると次のローザへ向かう自分がいた。身体ひとつで語る、そんなローザを演じてみたくなった。自分の中にあるものと丁寧に対話してみたくなったのだ。

2012 年『冬眠まんざい』
坂本長利 俳優六十周年・五大路子 女優四十周年記念公演

2019 年　独演劇『土佐源氏』
（九十歳記念公演）

2019 年　楽屋にて

原点に戻って素朴に語ってみたい。そんな気持ちになったのは坂本長利さんの『土佐源氏』を観たからかもしれない。

坂本さんは昭和四年生まれ、今年九十才になられる私の大先輩だ。まだ十代だった私は『冬眠まんざい』*という二人芝居で、坂本さん演じるトトの娘ユキの役に抜擢していただいた。そのころ始められた独演劇『土佐源氏』**は五十年以上、一二〇〇回を超えてなお再演を重ねている。

舞台の上には長方形の台が一つと糸車。ぼろぼろの衣装と馬喰（ばくろう）の使う鈴、すりきれた筵（むしろ）。出前芝居と銘打って、あらゆるところへ出かけて行って上演される。その舞台を観て、肉体の存在感と命の力強さを改めて感じ、ひとりに立ち戻りたいと強く思った。

*『冬眠まんざい』一九七二年　作・秋浜悟史（あきはまさとし）　演出・竹内敏晴　美術・朝倉摂（あさくらせつ）　照明・吉井澄夫　「劇衆・椿」旗揚げ公演　プーク人形劇場

**『土佐源氏』　原作・宮本常一『忘れられた日本人』より　演出・坂本長利

ローザは五大路子

そして二〇一九年。文学座の西川信廣さんに新しく演出をお願いすることにした。西川さんとは一九九四年みなと座の『女相撲』*で演出していただいて以来、今までにいくつもの作品に命を吹き込んでくださっている。

西川さんは一九九六年初演の『横浜ローザ』を三越劇場で見てくださっていた。その時の印象は「まさに語りそのものだった」そうだ。

稽古の初日。西川さんは言われた。

「ローザは五大路子。五大路子が語ればいいんだ」

その為にまず、公演ごとに書き加えてきた台本を、杉山先生が書かれた原典に戻した。そうして杉山義法戯曲の言葉を、ひとつひとつ丁寧に読み返すことから始めた。来る日も来る日も、語るという表現方法を徹底的に探った。

最初のうちはどうしても演じようという気持ちが先に立ち、語るということが後回しになった。ローザという老女を演じるのではなく、戦争が狂わせたひとりの女の人生を五大路子が語る——戸惑いながら稽古を重ねるうちに、少しずつ体と頭が馴染んでいった。舞台を支えてくれていた小道具たちも一新することにした。今までの私だったら捨てることをためらったかもしれない。しかし、もうそれらは私の身体と心の中に全て入っている。それがなくても語ることができる。

ローザ『マック、死ニマシタ……コレ、アナタニ……』

「そう云って見覚えのある腕時計を渡されたの。裏に二人のイニシャルが彫ってあった。地雷を踏んづけて吹っ飛ばされたんですって。その飛ばされた片腕に結婚記念の腕時計が……」

マックの腕時計は使わないことにした。レースの敷物、女神の絵は舞台から消えた。ソファの代わりにパイプ椅子を二脚。新たに加わったのはハマの街に立つガス燈、瓦礫のような木箱。

着替えは今までは舞台袖に飛び込んで、ゆめちゃんとはるかちゃんに助けてもらい急いで舞台に戻るというパターン。二人は夢座の公演にも出演している女優で、『横浜ローザ』の舞台ではいつも裏方を手伝ってくれている。可愛い娘のようでもあり、私を慈愛深く受け止めてくれる母のような存在でもある。てきぱきと気が利く二人の力を借りず、その大変な着替えを舞台上で自分一人でやることになった。

老女のヘアキャップとガウンを剥ぎ取ってもんぺ姿になり、木箱の中にある布カバンと運動靴を取り出す。米兵に乱暴されたあとは、投げ込まれた風呂敷包みをほどいて、破れたブラウスから派手なワンピースに着替える。ネッカチーフを頭に結び、真っ赤なハイヒールを履いて娼婦に変身する。老女に戻るラストシーンは、メイク道具の乗った机をゆっくり押して中央に持ってゆき、別の木箱を開けてかつらを取り出す。ゆっくりと白塗りのメイクを始める……。

語りながら自分で場面を作っていく難しさは、同時に新鮮な面白さだった。そうは言っても、いつもと違う動きにとまどうことは多い。

メイク道具の乗った机を運ぶのを忘れ、座りかけてハッと気づいて、素知らぬ顔で取りに戻った。音響さんは私が座るきっかけで音量をグッと絞ろうとしていたが、立ち上がったのを見て慌ててボリュームを上げ、うまくフォローしてくれた。

こんな事もあった。コーヒーカップや写真立てが詰まった紙袋が、置いてあるべきところにない。

「あら、どこに置いちゃったかしらねえ……」舞台の上をうろうろと探し回る。照明さんがスポットで見事に私を追いかけて、不自然に感じないようにしてくれた。

「最近、もの忘れがひどくなっちゃって」ローザとしての言葉が自然に口から出てくる。頭の中の五大路子は、「どうしよう……」と焦っていたのだが。

＊みなと座『女相撲』作・早坂暁　演出・西川信廣
かながわドームシアター 群読『ＭＡＳＡＫＯ』―北条政子―
かながわ詠み芝居『エゲリア 生々流転 岡本かの子』
かながわ詠み芝居『走る女 国木田独歩の妻 佐々城信子』
横浜にぎわい座 一人芝居『ある剣劇女優の物語』
　いずれも脚本・瀬戸口郁（せとぐちかおる）　演出・西川信廣

ローザは問いかける

演出が変わると「前のローザの方が好きだったわ」と言われる方もいるけれど、私は毎回全力で演出家と力を合わせて新しいローザの命を生み出している。

二〇一九年の舞台で一ヶ所、最後まで苦しんで稽古したシーンがある。

自分をいびり出した姑を引き取って面倒をみているローザ。ある日仕事から帰るとその姑が亡くなっている。枕の下に敷き込んであった戸籍謄本から、三十年も前に別れたはずの夫が、自分を除籍していなかったことを知る。あのとき広島に帰っていればどんな人生を歩んでいたのか。

ローザ「人生は紙一重ですよね。吹けば飛ぶような紙一重の女の人生……」

この部分はいつも、人生を振り返り万感の思いを込めて演じていた。しかし西川演出は違った。
「淡々と語り、そして語り終わったあとに地の底から吹き上げてくるような、孤独な乾いた笑いを浮かべ、また立ち上がる。戸惑いながらもローザは立ち上がり、歩き始める」
難しかった。けれど西川さんの言葉がパズルのピースのように心の中に嵌まった瞬間、私はまたローザに一歩近づいたと思った。

ローザは五大路子――。だからローザのセリフは全部、自分が言った言葉のように愛しい。でもその中でも私が一番大切に思っているセリフがある。
今まで明るく語り続けていたローザが不意に驚いたように口にする言葉。

ローザ「私はいったい誰なのかしらね……」

住民票さえ無い、影法師のように不確かな自分の存在を、時代を生き抜く強さでつなぎ止めてきたローザ。居場所を失くした女の孤独。それでも生きていく。寂しさと戦いながら、哀しさを跳ねのけながら。

ローザはローザ自身に問いかける。
五大路子に問いかける。
客席に向かって問いかける。
――私はいったい誰なのかしらね――
ローザと向き合うことは自分自身を見つめ直すことだと気づいた。

十代への伝言

私が十六歳・高校生の時、転校生の女の子の話を視聴覚室で聞いていると、どういう事情があったのか先生が彼女を力づくで教室から連れ出そうとした。それを止めようとした私も手首を強い力でつかまれた。信頼していた先生だったのに……。その瞬間、ぷつっと弦が切れるように何もかもが信じられなくなり、〝明るく元気なみっちゃん〟だった私は学校に行けなくなった。家に引きこもり、時々は海に出かけて詩を書いたりしていた。

ニューヨークの十五才の少女から宿題を貰い、「日本の十代に伝えたい、私から飛び込んでいこう」と日本に戻ってすぐに色々な大学や高校を訪ねた。日本の若者にも『横浜ローザ』の芝居を観てもらおうと思った。

いくつかの大学が授業やゼミの時間、あるいは講演会を企画して学生たちに、ローザの話をする機会を与えてくださった。舞台を観にきてくれた学生たちからは色々な感想やレポートを貰い、中には卒論のテーマとして取り上げてくれた学生もいた。

地域の歴史や社会問題をフィールドワークを通して考え、発信している「横浜商業高校ＮＧＯグローカリー」の高校生とも交流し、『横浜ローザ』の稽古を見学してもらった。ニューヨークの少女と同じ年代の高校生たちは「自分たちにとっては戦争は遠い昔のこと。だけど、忘れてはいけないこと」と感想を語ってくれた。若者たちのみずみずしい感性に触れて、ローザはまた少し進化する。

『横浜ローザ』を観劇した小学６年生の舟山莉咲さんが描いてくれた絵　撮影／森日出夫

小学生と中学生には、自分たちの住んでいる町にあった戦争、空襲のことを知ってもらおうと、詩人の筧槇二さんの横浜大空襲の体験『真昼の夕焼け』を朗読劇にして、五名の役者と楽器の生演奏で学校を回り、聴いてもらっている。

終演後に「質問がある人！」と訊くと子どもたちが「はい、はい！」と手を上げる。

「どことどこの国が戦争していたんですか？」（四年生）

「空襲って長崎や広島のことだと思っていたら横浜にもあったんですか？　びっくりした」（五年生）

横浜のすべての小学校で、この朗読劇『真昼の夕焼け』を公演したい——また新しい夢が生まれた。

新しい夢　そして旅はつづく

桐朋学園から劇衆椿・早稲田小劇場・新国劇・テレビ・映画と、女優としての道を、そして実生活では二人の息子の母親として歩んできた私の人生の転機となったのは帝劇の舞台の稽古中だった。朝方自宅で足に激痛が走り、近くの病院に駆け込んだが膝が曲がったまま、足は宙に留まったように動かなくなり、松葉杖生活の闘病が始まった。突然目の前に幕が降りたようだった。舞台や他の仕事を降板し、治療を続けてようやく松葉杖を手離せるようになった時、私はメリーさんと出会った。

——あなた、私の生きてきた今までをどう思うの。答えてちょうだい——

心の中に聴こえてきたその問いの答えを求めて私は歩き始めた。答えはまだ分からない。だから私は演じ続ける。私の足が動く限り。

おっちょこちょいで、泣き虫で、夢をみつけたら矢も盾もたまらず駆け出してしまう私。破れた夢もあった。しぼんでしまった夢もあった……。

でも、たくさんの夢を叶えられたのは、一緒に夢を見てくれる多くの仲間がいたから。そんな私を支えてくれる人たちがいるから。

そうしてまた私は新しい夢を見る。ローザのように大きなキャリーバッグ一つを引いて、バッグの中にオルゴールと写真立てとコーヒーカップとバラの花一輪を入れて、色々なところへ行ってみたい。どこででも語りたい。

たとえば小さな田舎の駅で。あるいは大都会の片隅で。待っていてくれるお客さまがいる限り。ローザの旅はまだまだ続く。

朗読劇『真昼の夕焼け』
演出：高橋和久
出演：五大路子　大和田悠太　高井清史　高橋和久　伊藤はるか
音楽：栗木健
記録映像：小林富夫

【横浜ローザ　大学講演記録】

❖ 2016 年から 2019 年にかけて講演を行った大学

2016 年　立教大学　関東学院大学　横浜国立大学　東京女子大学
2017 年　立教大学　関東学院大学　慶應義塾大学
2018 年　立教大学　関東学院大学　慶應義塾大学　横浜国立大学
　　　　横浜市立大学
2019 年　立教大学　関東学院大学　横浜国立大学　横浜市立大学
　　　　神奈川大学

❖ご協力いただいた大学・高校関係者の皆さま

立教大学　　　砂川浩慶先生
関東学院大学　広報課・鈴木敦様
慶應義塾大学　粂川麻里生先生
横浜国立大学　二神枝保先生　小澤重夫先生
横浜市立大学　窪田吉信学長　佐藤響子先生
神奈川大学　　牧内良平理事長　森田浩康先生
東京女子大学　羽鳥隆英先生
横浜商業高校　NGO グローカリー　鈴木晶先生

ゼミや授業の一環として講演を行わせていただきました。
4 年間で延べ 300 人を超える多くの学生が、本番の舞台や舞台稽古を観て、レポートを書いてくださいました。

【朗読劇「真昼の夕焼け」公演記録】

❖ 2016 年から 2020 年

羽沢小学校　子安小学校　南本宿小学校　本牧小学校
鴨居中学校　鶴ケ峯中学校
神奈川大学
杉田劇場　かながわ県民センター

詩人の筧槙二氏が横浜大空襲で体験した実話を元に書かれた作品。

2008 年ベーリックホール公演で初演の朗読劇。

劇場に子供たちを招待したり、小学校や中学校に出向き、学校の体育館などで朗読公演を行っている。延べ 3,000 人以上に届けている。

協力：杉山道子　大熊佐奈
株式会社オフサイド

共催：横浜赤レンガ倉庫１号館
（公益財団法人横浜市芸術文化振興財団）

後援：神奈川県　横浜市文化観光局　朝日新聞横浜総局　神奈川新聞社　産経新聞横浜総局　東京新聞横浜支局　毎日新聞社横浜支局　読売新聞東京本社横浜支局　tvk　RF ラジオ日本　FM ヨコハマ　横浜市ケーブルテレビ協議会　横浜市市民活力推進局

協賛：大洋建設　ありあけ　観音温泉　アイネット　三好商会　イワサワ　川本工業　キリンビール　メモワール　ソシエ・ワールド
協力：京浜急行電鉄　相模鉄道　東急電鉄　横浜高速鉄道　横浜シーサイドライン　J:COM　横浜夢座倶楽部　フレンズクラブ　横浜にぎわい座

❖横浜夢座プロジェクト
名誉委員長：西丸與一
委員長：六川勝仁　副委員長：鴇田要一　西田由紀子
委員：池田典義　石河陽一郎　梅野匡俊　大川哲郎　大西一郎　小畑哲哉　國分孝夫　齋藤美枝　戸田真人　平坂公太　平野正裕　吉富真里　（五十音順）
監事：三浦修

❖夢座旗揚げ時の実行委員会
委員長：西丸與一
副委員長：六川勝仁　田代昌史
委員：赤澤みき　明石誠　石橋稔　大久保文香　太田尚希　岡安康子　小柴俊雄　小松周三　渋谷敦子　田中潤　田辺紀人　西田由紀子　根塚正子　萩原浩行　山田一廣　（五十音順）

❖横浜夢座倶楽部設立時の世話人会
岩岡洋志　上野健彦　上野孝　勝治雄　川本守彦　斎藤忠一　渋谷慎一郎　常田照雄　中尾俊哉　野並直文　汲田修三　山口弥生

❖横浜夢座倶楽部 2020 年世話人会
上野孝　野並直文　川本守彦　上野健彦　勝治雄　吉永昌生　竹田徹　岩岡洋志　園部好
（事務局）猪股篤雄　吉富真里

【横浜ローザから感謝を込めて special　thanks】

❖初演から 2019 年までのスタッフ＆キャスト
作・演出：杉山義法
企画・出演：五大路子
フルート：杉山葉子
チェロ：坂本弘道　菅原雄大
パーカッション：栗木健

演出：遠藤吉博　畑圭之助　大西一郎　西川信廣
美術：川口直次　乘峯雅寛
音楽：上田亨
舞台監督：白石弘明　石井恒樹　後藤恭徳　北林勇人
音響：森本義　小原木克郎　岩野直人　齋藤美佐男
照明：室伏生大　早瀬雅春　高山晴彦
映像：濱島将裕　浦島啓
衣裳：中山信弥　清水崇子（松竹衣裳）　早園マキ（ROUROU）
床山：川口邦弘　安部ゆかり　山崎智代　高橋加奈子
小道具：西上隆（藤浪小道具）
振付：若柳禄寿
メイク指導：境野真理子
歌唱指導：元次郎　中村華子
題字と書：末廣博子
宣伝写真：森日出夫　藤間久子
宣伝美術：穂積由紀夫　岩方慎二郎
音響オペレーター：石崎潔　宮崎淳子　森顕子　他
照明オペレーター：千原悦子　大野薫里　久米美緒
映像オペレーター：大川原花奈
記録映像・写真：小林富夫　港北テレビ
演出助手：高橋圭　依田朋子　坂内愛　橋本真実　森田あや　竹内晶美
舞台助手：洪美玉　後藤容孝　家紋健太郎　大和田悠太　井田智美
端本宇良　川治純平
製作助手：小島希美　福田麻恵　由愛典子　伊藤はるか
製作協力：高嶋惠子　中山朋文

制作：三田康二　恩蔵良治　吉富真里　伊藤斉
田川義行　西由貴　柏木博子

❖フレンズクラブ
小島たつ子　向井サカエ　片桐奈保美　岡安康子　宮本裕子
岩崎恵　藤巻弘枝　吉富秀子　加藤真弓　塚田順子　波多三智子
大場はる代　渋谷昭子　長沼京子　長沼正吾　齋藤千代子　境野真理子
西川加津枝　岡安由桂

❖ Special　Thanks（五十音順）
あいまいの会　神奈川学園　神奈川県医師会　港北区医師会　NPO 法人人生まるごと支援　男女共同参画センター　津西会　鶴見区文化協会　鶴見總持寺　平和のための戦争展 in よこはま　ペテロ会　モンテンルパの会　夢座セミナーの皆様　横浜市医師会　横浜市教職員組合

浅沼景子　吾妻謙　安部三十郎　阿部美千代　阿部美由紀　新井恵美子
池田征矢雄　石川洵　伊藤有壱　今橋由紀　入江勝通　岩澤昌之
岩下知子　植木信良　太田惠資　大友路子　大西慶子　大貫徳治
大野かよ　大野直勝　岡健彦　鬼武みゆき　小野秀行　金井敏博
上谷忠一　川本謙次　小泉勉　後藤久　小松與志子　小室尚道
近藤和之　酒井誠　榊原郁恵　塩谷陽子　白戸美子　白鳥明美
鈴木晶　鈴木伸哉　関佳史　園田容子　高木伸治　高木為登
高橋一成　高秀美智子　高平太　高谷静治　ダ・カーポ　立枕真也
立枕浩実　テミヤン　陶旭茹　中川由利子　中村高寛　生川薫　二瓶浩一
野口真里　長谷川美枝子　長谷川政裕　八森淳　早坂暁　原田一
馬場洋一　坂直孝　日野美歌　平岡正明　平古育子　平松一朗
福島俊彦　藤崎信裕　町田栄子　松井えり菜　松井工　松崎利津子
DJ 光邦　水野恭一　美松洋子　三森ひろみ　宮内恒雄　美山容子
森洋三　諸川たま子　安田裕美　矢中むつ美　山口京子　山崎ハコ
山崎洋子　横山清子　吉田絹子　吉田昌子　吉田優子　李麗仙
若尾久志　和佐徹哉　和田宣子　和田善夫

岩岡稔　岩岡静江　岩岡博司　岩岡洋志
大和田伸也　大和田悠太　大和田健介

町田栄子さんの絵手紙：「ローザから生きる力をもらっています」と舞台を
17 年観続け、感想や絵手紙を新聞に投稿してくださっている 74 才の女性。

【エピローグ】

「一列　談判　破裂して　日露戦争　はじまった……♪」

大正十五年生まれの母はこの歌を時々口ずさむ。この歌を歌いながら手毬をついたと話す。

「食べるものも着るものも、口ずさむ歌もなかった時代。私たちがいなくなったら、もう誰も分からなくなってしまうのかしらね」

と母がつぶやく。

焼け跡から立ち上がり、昭和、平成、そして令和と、時を刻んできたこの街。メリーさんが歩いていた街。三浦さんが生きてきた街。私の愛する横浜。

三浦さんからの手紙を、私は何度も読み返す。

紅き薔薇　横浜ローザ

三浦八重子

普段は静かなたたずまいの五大さんですが、その舞台に対する闘志と、強さを秘めたエネルギーに驚き、尊敬しております。

続ける事の難しさを「夢に希望」と笑顔を忘れず、歩み続けている五大さん。その心を思う時、舞台を見ている私は思わず力が入ります。私はあの眞紅の薔薇にたとえたい。本当にあの情熱　紅き薔薇の似合う人　横浜ローザ。

今年の夏も大変ですが、お体に気をつけて頑張って下さい。

そして、末永く演じ続けて下さい。

杉山義法先生へ

早いもので『横浜ローザ』の初演から来年で二十五年を迎えます。先生が亡くなられてから十六年。幼かったお孫さんの佐奈ちゃんも、もう成人式を迎えられました。先生の奥様の道子さんと一緒に毎年ローザを観に来てくださっています。お嬢さんの葉子さんには今もフルートを演奏していただいています。あのころ稽古場に連れて行っていた私の五歳と中学生の息子は、二人ともすっかり大人になり、ローザを応援してくれています。先生もきっといつも舞台を見守ってくれていますよね。

先生、本当に素晴らしい脚本をありがとうございます。こんなに長いあいだローザを演じ続けられるなんて思ってもみませんでした。あの日の二つの約束を覚えていらっしゃいますか？　赤レンガ倉庫公演とアメリカでの公演。「ひとつめの夢が叶ったね」と赤レンガ倉庫で先生と喜び合った十二年後、ふたつめの夢のニューヨーク公演も叶いました。でもまた次々に新しい夢が現れて、私はいつまでも夢見る少女――あの時の私のままです。

いつだったか先生が、演じている私を見て「アメリカの女優シャーリー・マクレーンのようだね」と言ってくださいました。コメディエンヌのようでもあり、神秘的なところもあると……。自分で自分のことはよく分からないけれど、とても嬉しかった。私はいつもローザを探しながら、自分を探しつづけていたのだと思います。毎年、毎回、ローザを演じることは新しい自分と出会うことでした。

長かったような短かかったような二十五年――。ドキュメンタリー『港の女・横浜ローザ』を作る時からずっと支えてくださっていた渋谷慎一郎さんは、ニューヨーク公演を見届けてから、通木一成さんは公演に行く直前に「平和の架け橋だよ」という言葉を残して旅立たれました。劇中で配るローザの名刺を最後まで作ってくださった西川加津枝さん、ホテルニューグランドの松崎広さんとは、先生、天国でお会いになっていますか？

先生が亡くなられて、取り残された子供のようにしゃがみこんでしまった私を立ち上がらせてくれたのは、共に舞台を作ってきたスタッフ、一緒に夢を見て歩いてきてくれた仲間たちです。この本も、あべゆかりさん、由愛典子さん、そして川田一美津さんに助けられて生み出すことができました。数え切れないほどのたくさんの方たちに、先生、私はどうやって感謝を伝えればいいのでしょうね。

そして先生、私は本当にこう思います。二十五年演じてこられたのは、なにより、ローザに会いに来てくださるお客さまがいたからだと。ローザを愛してくださる方たちの心こそがローザの命です。だからこの本は、私と横浜ローザからの感謝の手紙です。先生、どうか見ていてください。私はこれからも夢を見つづけ、ローザとともに生きて行きます。

ローザより

令和二年　マリンブルーの街、横浜の空の下で

マックへ　心をこめて

撮影／森日出夫

撮影／森日出夫

五大路子（女優・横浜夢座座長）

神奈川県横浜市出身。桐朋学園演劇科に学び、早稲田小劇場を経て新国劇へ。
NHK 朝の連続テレビ小説『いちばん星』で主役デビュー。
1999 年に横浜夢座を旗揚げする。

◇主な受賞歴

1977 年：新国劇年間大賞
1978 年：北条秀司賞
1996 年：ひとり芝居『横浜ローザ』で横浜文化奨励賞受賞
2001 年：神奈川イメージアップ大賞
2008 年：横浜夢座の功績を称えられ第 29 回松尾芸能賞演劇優秀賞を受賞
2011 年：長谷川伸賞
2012 年：横浜文化賞
2015 年：神奈川文化賞
2018 年：東久邇宮文化褒賞

◇主な舞台出演作品

『三銃士』『トロイアの女』『夢、ハムレットの』『ダブル・アクト』『かくれんぼ』『瞼の母』
『大菩薩峠』『冬眠まんざい』『ニッポニア ニッポン』

◇主な映画出演作品

『DEATH NOTE』『プライド』『ヨコハマメリー』『Blue Eyes – in HARBOR TALE –』

◇主なテレビ出演作品

『独眼竜政宗』『蝉しぐれ』『春の砂漠』『芙蓉の人』『今朝の秋』『ママさんバレーでつかまえて』

◇著　書

『白い顔の伝説を求めて～ヨコハマメリーから横浜ローザへの伝言～』

Rosa　横浜ローザ、25 年目の手紙
2020 年 10 月 31 日　初版第 1 刷発行

〔著　者〕五大路子
〔発行者〕松信 裕
〔発行所〕株式会社　有隣堂
本　社　〒 231-8623　横浜市中区伊勢佐木町 1-4-1
出版部　〒 244-8585　横浜市戸塚区品濃町 881-16
電話 045-825-5563　振替 00230-3-203
〔印刷所〕株式会社堀内印刷所
〔装丁〕穂積由紀夫

ISBN978-4-89660-233-3　C 0095

定価はカバーに表示してあります。
落丁・乱丁本はお取り替えいたします。